Klett Lektürehilfen

Johann Wolfgang von Goethe

Faust

Der Tragödie Erster Teil

Interpretationshilfe für Oberstufe und Abitur

von
Johannes Wahl

Inhaltsangabe der Lektüre als MP3-Download unter
http://www.klett-lerntraining.de.
Klicken Sie bei Downloads Lektürehilfen an.
Sie können auch direkt auf die Seite gehen mit:
http://www.klett-lerntraining.de/main/bookset-03-books

Klett Lerntraining

Dr. Johannes Wahl, Gymnasiallehrer für Deutsch, Englisch und Gesc
in Baden-Württemberg

Die Textzitate folgen der Ausgabe: Johann Wolfgang Goethe:
Faust. Der Tragödie Erster Teil. Stuttgart: Reclam 2000

Bibliografische Information der Deutschen Nationalbibliothek
Die Deutsche Nationalbibliothek verzeichnet diese Publikation in
der Deutschen Nationalbibliografie; detaillierte bibliografische
Daten sind im Internet über http://dnb.dnb.de abrufbar

Dieses Werk folgt der reformierten Rechtschreibung und Zeichensetzung.
Ausnahmen bilden Texte, bei denen künstlerische, philologische oder
lizenzrechtliche Gründe einer Änderung entgegenstehen.

5. Auflage 2021

www.klett-lerntraining.de
kundenservice@klett-lernttraininig.de
Umschlagfoto: iStockphoto, Calgary/Alberta (ZU_09)
Satz: DOPPELPUNKT, Stuttgart
Druck: Plump Druck & Medien GmbH, Rheinbreitbach
Printed in Germany
ISBN 978-3-12-923126-5

Inhalt

1 Inhaltsangabe und erste Deutungsaspekte

Dreifache Eröffnung . . . 7
Zwei reflektierende Texte zu Beginn . . . 7
Zueignung . . . 7
Vorspiel auf dem Theater . . . 8
Prolog im Himmel . . . 11

Die Gelehrtentragödie . . . 14
Existenzkrise und Entgrenzungsversuch . . . 14
Nacht . . . 14
Vor dem Tor . . . 20
Teufelspakt und Wette . . . 24
Studierzimmer I . . . 24
Studierzimmer II . . . 26
Szenen des Übergangs . . . 31
Auerbachs Keller in Leipzig . . . 31
Hexenküche . . . 35

Die Gretchentragödie . . . 38
Überblick und Strukturskizze . . . 38
Gretchens Verführung . . . 41
Straße I . . . 41
Abend . . . 42
Spaziergang . . . 45
Der Nachbarin Haus . . . 46
Straße II . . . 47
Garten . . . 48
Ein Gartenhäuschen . . . 50
Vereinigung der Liebenden und gesellschaftliche Ächtung Gretchens . . . 51
Wald und Höhle . . . 51
Gretchens Stube . . . 54
Marthens Garten . . . 55
Am Brunnen . . . 57
Zwinger . . . 58
Nacht . . . 59
Dom . . . 60

Untergang und Rettung 62
Walpurgisnacht 62
Walpurgisnachttraum 65
Trüber Tag. Feld 66
Nacht. Offen Feld 67
Kerker 67
Weiterführung der Handlung in „Faust II" 70

2 Analyse und Interpretation

Personen 73

Faust 73
Die Zwei-Seelen-Problematik 73
Krise der Erkenntnis 74
Krise des Sturm-und-Drang-Titanen 75
Defizit an Lebenspraxis 76
Zwischen Liebe und sinnlichem Erlebnis 77
Mephisto 78
Rollen Mephistos 78
Mephistos Welt- und Menschenbild 79
Macht und Ohnmacht 80
Fausts Alter Ego 81
Gretchen 83
Bedeutungskontexte und Vorbilder 84
Kleinbürgerlichkeit und Moralvorstellungen 85
Verführtes Opfer und liebende Verführerin 87
Wandel zur idealen Liebenden 88

Themen 90

Die Universitätssatire 90
Grenzen der Erkenntnis 90
Verspottung veralteter Methoden 91
Satire der Lehrinhalte 92
Kritik am Studentenunwesen 92
Kritik an der Gesellschaft des 18. Jahrhunderts 94
Goethes Weltbild 94
Kindsmordproblematik 95
Bürgerliche (Doppel-)Moral 96
Selbstgefälligkeit, dumpfer Nationalismus und pervertierte Freiheitsidee 98
Irren und Streben des Menschen 99

Dramatische Komposition . . . 102
Vielfalt dramatischer Bauformen . . . 102
Auflösung der Einheit von Handlung, Ort und Zeit . . . 104
Gegensätzlichkeit und Spiegelung als Strukturprinzipien . . . 106
Goethes Denken in antithetischen Konfigurationen . . . 106
Figuren . . . 107
Komplementäre Szenen und unterschiedliche Perspektiven auf das Geschehen . . . 109
Leitmotive . . . 111
Enge und Weite . . . 111
Körper und Geist, Staub und Quelle . . . 114
Teil und Ganzes . . . 116
Wort und Gefühl . . . 117
Die doppelte Wette als Handlungsmotor . . . 119
Die Prolog-Wette . . . 119
Die Wette zwischen Faust und Mephisto . . . 120

Sprache . . . 122

Goethe und der Fauststoff . . . 126
Vom historischen Faust zur literarischen Figur . . . 126
Entstehung des goetheschen Dramenkomplexes . . . 129
Das Drama zwischen Sturm und Drang und Klassik . . . 131

Rezeption . . . 134

3 Schnellcheck
Übersicht 1: Die himmlische Rahmenhandlung . . . 138
Übersicht 2: Fausts Lebenskrise . . . 139
Übersicht 3: Faust und Mephisto . . . 140
Übersicht 4: Margarete/Gretchen . . . 141
Übersicht 5: Komposition des Dramas . . . 142
Übersicht 6: Themen . . . 143
Übersicht 7: Versformen . . . 144
Übersicht 8: Merkmale verschiedener literarischer Epochen . . . 145

4 Prüfungsaufgaben und Lösungen

1. Konkurrierende Menschenbilder (Literarische Erörterung) . . . 148
2. Räume und ihre Symbolik (Literarische Erörterung) . . . 150
3. Faust und Mephisto (Literarische Erörterung) . . . 152
4. „Garten" – Komposition und Sprache (Textinterpretation) . . . 154
5. „Wald und Höhle" und „Gretchens Stube" – Zur Komposition des Dramas (Textinterpretation) . . . 156
6. Die Gretchenfrage – „Marthens Garten" (Textinterpretation) . . . 158
7. Gesellschaftspanorama in „Faust I" (Literarische Erörterung) . . . 160
8. Gretchens Charakter und ihre Erlösung im „Kerker" (Gestaltende Interpretation) . . . 162

Literaturhinweise . . . 164
Stichwortverzeichnis . . . 166

1 Inhaltsangabe und erste Deutungsaspekte

www.klett-lerntraining.de

Dreifache Eröffnung

Zwei reflektierende Texte zu Beginn

KURZINFO

Goethes Selbstreflexion zu Beginn

- Beide Szenen gehören nicht zur Faust-Handlung, sondern reflektieren das Spannungsverhältnis von Dichter, Werk und Publikum.
- Sie haben autobiographischen Charakter.
- Die beiden Eröffnungstexte werden in der Regel nicht auf der Bühne gespielt, sie leiten aber zentrale Motive ein.

Zueignung

Goethe hat seinem 1808 gedruckten Werk „Faust. Der Tragödie Erster Teil" ein Widmungsgedicht vorangestellt, das die Entstehungsgeschichte widerspiegelt. Das Gedicht besteht aus vier Strophen, deren Stanzenform (acht fünfhebige Jamben mit zwei Terzinen und einem abschließenden Reimpaar) an die Form des romanischen Epos erinnert. Es ist aber nicht an eine Person gerichtet und ihr zugeschrieben, sondern den Figuren des Faust-Dramas, die Goethe im ersten Vers als „schwankende Gestalten" bezeichnet. Das lyrische Ich ist mit dem Autor gleichzusetzen.

Widmungsgedicht an die Figuren des „Faust"-Dramas

Der junge Dichter hatte 1772 mit den Arbeiten am „Urfaust" begonnen. Zwischen den verschiedenen Arbeitsphasen gab es jahrelange Unterbrechungen. Knapp 25 Jahre nach den ersten Federstrichen beschreibt die erste Strophe der „Zueignung", die Goethe mit dem Datum 24. Juni 1797 versehen hat, wie die Figuren ihn nicht loslassen und ihn zu einer weiteren Bearbeitung drängen. Dies löst bei dem Dichter in der zweiten Strophe ambivalente Gefühle aus. Goethe – mittlerweile knapp sechzig Jahre alt – „fühlt sich jugendlich erschüttert" (7), da die Figuren Bilder einer glücklichen Vergangenheit heraufbeschwören. Darin enthalten sind auch „erste Lieb und Freundschaft" (12), verdrängte Schmerzen und Enttäuschungen.

Figuren lassen Goethe nicht los

Bilder der Vergangenheit

Verändertes Publikum

Das vergangene Vierteljahrhundert hat jedoch nicht nur den Dichter altern lassen, sondern auch die Rezeptionsbedingungen für das Werk verändert. Der Goethe wohlgesonnene kleine Kreis („das freundliche Gedränge"), dem er den noch unveröffentlichten „Urfaust" vorgetragen hatte, ist „zerstoben" (19). Nun muss das Werk, das in der dritten Strophe als Lied bezeichnet wird, vor einer „unbekannten Menge" (21) bestehen. Durchaus mit Sorge begegnet der Dichter diesem Massenpublikum, dessen Geschmack sich gegenüber den siebziger Jahren des 18. Jahrhunderts gewandelt haben dürfte.

Neubeginn

Doch der Dichter kann der Versuchung nicht widerstehen. Ein „längst entwöhntes Sehnen" (25) ergreift ihn. Diesem inneren Drang folgend, beginnt er von neuem mit der Arbeit am „Faust".

Vorspiel auf dem Theater

Die folgende Szene setzt das angerissene Spannungsfeld von Dichter, Werk und Publikum fort. Dies ist auch an der sprachlichen Gestaltung erkennbar, da der Dichter seine Reden anfänglich in Stanzenform hält, also die feierliche Sprache und Rhythmik der „Zueignung" wieder aufgreift. Das „Vorspiel auf dem Theater" erweitert dieses autobiographisch motivierte Thema jedoch um die Perspektiven eines Theaterdirektors, der Schauspieler und der Zuschauer, deren Interessen aus der indirekten Charakterisierung der beiden Akteure hervorgehen. Bezeichnenderweise wird die Sichtweise der Schauspieler durch eine „lustige Person" vertreten – ein erster Verweis auf die komödiantischen Elemente der Tragödie.

Erweiterung der Perspektiven:

Direktor, lustige Person, Publikum

Direktor: Orientierung am anspruchslosen Massengeschmack

Der Direktor macht keinen Hehl aus seinem Wunsch, „der Menge zu behagen" (37), also ein Massenpublikum anzuziehen. Ihn interessiert nur der Geschäftserfolg. Je größer das Gedränge an der Kasse bzw. je mehr „um ein Billet sich fast die Hälse" (56) brechen, desto besser für das Theater. Dafür ist er bereit, sich dem Massengeschmack anzubiedern und künstlerisch Abstriche zu machen. Die Menge wolle „staunend gaffen" (92). Sie sei nicht an Qualität interessiert, sondern wolle nur oberflächlich unterhalten werden, so dass man sie nur „durch Masse zwingen" (95), d. h. zufriedenstellen müsse.

Gütekriterium für ein Theaterstück sei nicht Geschlossenheit oder Stimmigkeit der Handlung. Der Dichter solle gar nicht erst versuchen, ein abgerundetes Ganzes zu schaffen:

> Wer vieles bringt, wird manchem etwas bringen;
> Und jeder geht zufrieden aus dem Haus.
> Gebt Ihr ein Stück, so gebt es gleich in Stücken!
> Solch ein Ragout es muss Euch glücken;
> Leicht ist es vorgelegt, so leicht als ausgedacht.
> Was hilft's, wenn Ihr ein Ganzes dargebracht,
> Das Publikum wird es Euch doch zerpflücken. (97–103)

Sein dramaturgisches Konzept läuft auf billige Effekthascherei hinaus. Der Dichter solle daher nicht an Bühnentechnik („Prospekte", „Maschinen", 234), drastischen Darstellungen (vgl. 223) und verwirrender Vielfalt (vgl. 131, 236 f.) sparen.

Lustige Person empfiehlt Griff ins volle Menschleben: Liebe, Irrtum und Spaß

Ähnlich äußert sich die lustige Person. Charaktergemäß betont sie den „Spaß" (77) und die „Narrheit" (88), mit der das Stück präsentiert werden soll. Ihr Erfolgsrezept besteht aus „bunten Bildern wenig Klarheit, / Viel Irrtum und ein Fünkchen Wahrheit" (170 f.). All dies sind klassische Elemente einer Komödie. Der Dichter solle nur ins „volle Menschenleben" (167) hineingreifen, um dem Publikum zu gefallen. Der Stoff müsse lebensnah sein, dass sich ein jeder darin wiederfinden könne. Inhaltlich und konzeptionell empfiehlt er, sich an Liebesromanen zu orientieren. Die Darstellung von Glück und Enttäuschung sorgten für Identifikation und Empathie. Insgesamt richtet sich sein Augenmerk wie beim Direktor auf den Erfolg des Augenblicks (vgl. 75 f.), der durch Anpassung an die Zuschauer erkauft wird.

Publikum: anspruchslos, banausenhaft

Beide entwerfen ein eher desillusionierendes Bild eines anspruchslosen Massenpublikums. Die Zuschauer seien von „Langeweile" (113) getrieben, kämen lediglich „zerstreut" (117) ins Theater. Manch einer wolle womöglich nur gesehen werden („Die Damen geben sich und ihren Putz zum Besten / Und spielen ohne Gage mit" (119 f.). Während der Vorstellung seien die Zuschauer geistig abwesend, weil der eine an ein Kartenspiel, ein anderer an eine „wilde Nacht an einer Dirne Busen" (126) dächte.

Gegenmodell des Dichters: ganzheitliche Kunst für die Nachwelt

Auch der Dichter kennt und fürchtet die bunte „Menge" (60), unter deren Diktat die künstlerische Kreativität versiegt. Er weigert sich jedoch, sich dem Druck der Masse zu beugen. Das vom Direktor und der lustigen Person entworfene Konzept bezeichnet er als „Pfuscherei" (106), das für einen „echten Künstler" (105) nicht in Frage komme. Ihn treibt es zu wahrhafter, reiner bzw. göttlicher Kunstfertigkeit, die für die „Nachwelt" (74) geschaffen ist.
Dem empfohlenen „Ragout", das aus zusammengewürfelten Einzelteilen besteht, setzt der Dichter ein ganzheitliches Modell (vgl. 140–157) entgegen. Der „Einklang" (140) von Mensch und Natur, von Irdischem und Göttlichem offenbare sich im Dichter und seinem Werk. Seine Aufgabe sei es, disparate Erscheinungen zu einem Ganzen zu formen, das „Einzelne zur allgemeinen Weihe" (148) zu führen, d.h. durch ein exemplarisches Beispiel Grundlegendes zu verdeutlichen.

Goethe kannte alle drei Perspektiven

Es wäre grundlegend falsch, Goethe auf eine dieser auftretenden Figuren festzulegen. Vielmehr stellt er die Positionen in einer dialektischen Offenheit einander gegenüber. Aus eigener Anschauung wusste er, dass jede Perspektive ihre Berechtigung hatte. Schließlich leitete er selbst eine Zeit lang das Weimarer Theater und trat gelegentlich auch selbst auf.
Goethes Reflexionen über das Spannungsverhältnis von Dichter, Werk und Publikum zu Beginn des Dramas werden in aller Regel bei Inszenierungen nicht einbezogen, da sie nicht zur Handlung des Gelehrten Faust gehören. In der gedruckten Fassung machen sie jedoch deutlich, dass die folgende Tragödie ein Kunstprodukt ist.

Funktion der beiden Szenen: Einführung wichtiger Leitmotive

Wichtige Leitmotive werden eingeführt. In diesem Zusammenhang ist nicht nur an die komödiantischen Elemente, sondern vor allem an das wichtige Gegensatzpaar ‚Teil' und ‚Ganzes' zu denken. Die Szene endet mit einem Verweis des Direktors auf das, was den Zuschauer des Dramas „Faust" erwarten wird.

> So schreitet in dem engen Bretterhaus
> Den ganzen Kreis der Schöpfung aus,
> Und wandelt mit bedächt'ger Schnelle
> Vom Himmel durch die Welt zur Hölle. (239–242)

In der Tat wird der gesamte Kosmos im Verlauf des Dramas ausgebreitet. Die himmlische Sphäre, die im direkt anschließenden „Prolog im Himmel" gezeigt wird, dient als Rahmenhandlung für die irdische Tragödie des Faust.

Prolog im Himmel

KURZINFO

Rahmen für beide Fausttragödien

- Der Herr und Mephisto entwerfen zwei konkurrierende Menschenbilder.
- Sie wetten um Faust, dessen Problematik vorgestellt wird, um ihr Menschenbild zu belegen.
- Angesichts der eingeschränkten Funktion Mephistos in der göttlichen Schöpfung kann er die Wette nicht gewinnen.

Lobpreisung der Schöpfung durch die Erzengel

Die drei Erzengel Raphael, Gabriel und Michael preisen zu Beginn der Szene die Harmonie der göttlichen Schöpfung. Die „hohen Werke" seien immer noch so „herrlich wie am ersten Tag" (249 f., 269 f.). Auch die Engel können den ewigen Wechsel von paradiesischer Pracht und Naturkatastrophen wie Stürmen und Überschwemmungen nicht erklären, verneigen sich aber bewundernd vor Gott und seinem Werk.

Mephisto: Mensch ist „tierischer als jedes Tier"

Mephisto, der sich unter die versammelte Engelsschar mischt, kann dieser positiven Betrachtungsweise nichts abgewinnen. Er findet alles auf Erden „herzlich schlecht" (296). Er sieht nur, wie „sich die Menschen plagen" (280). Der Mensch, den er ironisch als kleinen „Gott der Welt" (281) bezeichnet, habe sich seit Beginn der Schöpfung nicht weiterentwickelt. In Wirklichkeit sei er „tierischer als jedes Tier" (286). Das, was er „Vernunft" (285) nenne, gebe ihm den Schein, etwas Besseres zu sein. Doch die Vernunft sei nur Maskerade, hinter der sich niedere Instinkte versteckten. Der Teufel reduziert damit den Menschen auf die Triebsphäre und negiert dessen intellektuelle Fähigkeiten. Er vergleicht den Menschen daher auch mit einer der „langbeinigen Zikaden" (288), die immer wieder hochspringt, aber doch wieder auf die Nase falle.

Herr: „Es irrt der Mensch so lang er strebt."

Im Gegensatz dazu hat der Herr ein ganz anderes Menschenbild. Für ihn ist der Mensch ein vernunftgesteuertes Wesen, das nach Höherem strebt. Nicht immer erkennt der Mensch sofort den rechten Weg, sein Streben schließt also den Irrtum mit ein. Intuitiv, vom Unterbewusstsein gesteuert, gelangt er aber schließlich doch ans Ziel. Daher behauptet der Herr:

> Ein guter Mensch in seinem dunkeln Drange
> Ist sich des rechten Weges wohl bewusst. (328 f.)

Faust als Repräsentant der Menschheit

Diese Ausführungen des Herrn stehen im Zusammenhang mit der ersten Nennung von Faust, den der Herr unvermittelt – gleichsam als Beleg für seine Auffassung – ins Spiel bringt. Die Art und Weise, in der Goethe Faust in die Handlung einführt, erinnert an die biblische Geschichte von Hiob, der dort – wie Faust – als „Knecht" (299) des Herrn bezeichnet wird. Auf dem Hintergrund der exemplarischen Versuchsanordnung der Bibel und der konkurrierenden Menschenbilder wird Faust von Beginn an zum Repräsentant des Menschengeschlechts. Er wird für den Herrn und Mephisto zum Prüfstein ihrer Weltordnung. Faust, so lernt der Zuschauer, ist freilich ein besonderes Exemplar.

> Nicht irdisch ist des Toren Trank noch Speise.
> Ihn treibt die Gärung in die Ferne,
> Er ist sich seiner Tollheit halb bewusst;
> Vom Himmel fordert er die schönsten Sterne,
> Und von der Erde jede höchste Lust,
> Und alle Näh und alle Ferne
> Befriedigt nicht die tiefbewegte Brust. (301–307)

Fausts Zwei-Seelen-Problematik

Hier klingt Fausts Zwei-Seelen-Problematik an. Auf der einen Seite strebt er als Mensch nach göttlicher Erkenntnis, auf der anderen Seite sehnt er sich nach irdischer Sinnlichkeit. Beides – intellektuelles Streben über das Menschenmögliche hinaus und Triebhaftigkeit – sind in ihm in extremer Weise zufriedenstellen. Beide Seiten können Faust jedoch nicht zufrieden stellen. Haben damit der Herr und Mephisto die gleichen Chancen, als der Teufel fragt, ob der Herr mit ihm „wettet" (312)? Der „Prolog" lässt keinen Zweifel daran, dass es sich lediglich um eine ‚Scheinwette' handelt, an dessen Ende der Herr siegreich sein wird. Dafür sprechen mehrere Gründe.

Mephisto kann die Wette nicht gewinnen

Gärtnermetapher

Zunächst ist die Gärtnermetapher zu nennen, mit der der Herr auf Mephistos Beschreibung antwortet. Noch diene ihm Faust „verworren" (308), doch bald werde der

Herr ihn „in die Klarheit führen“ (309). Wie der Gärtner, der im Angesicht des grünen Bäumchens schon wisse, dass der Baum bald Früchte tragen werde (vgl. 310 f.), ist sich Gott sicher, dass er bei Faust, seinem Geschöpf, die Früchte seines Lebens ernten kann. Goethe folgt hier der aristotelischen Vorstellung der Entelechie (griech.: was seine Bestimmung in sich trägt).

Entelechie

Zum anderen ist auf die Machtverhältnisse zwischen Mephisto und dem Herrn hinzuweisen. Der Teufel muss um „Erlaubnis“ (313) fragen, Faust auf seine Seite ziehen zu dürfen. Er bedankt sich schließlich dafür, dass der Herr mit ihm die Wette eingeht, auch wenn der Herr die Bedingungen diktiert. So ist es ihm nur gestattet, „frei [zu] erscheinen“ (336).

Eingeschränkte Macht Mephistos

Die Machtverhältnisse gehen nicht zuletzt auf den Schöpfungsplan zurück, den Goethe im „Prolog“ entwirft. Trotz seiner negativen Ausrichtung hat der Teufel eine wichtige Funktion in der göttlichen Anordnung. Mephisto ist „kein Gegen-, sondern ein Mitspieler des Herrn“ (Sudau, S. 50), kein eigentlicher Widersacher, sondern ein Erfüllungsgehilfe:

Teufel als Erfüllungsgehilfe

> Des Menschen Tätigkeit kann allzu leicht erschlaffen,
> Er liebt sich bald die unbedingte Ruh;
> Drum geb ich gern ihm den Gesellen zu,
> Der reizt und wirkt, und muss, als Teufel, schaffen. (340–343)

Da der Mensch leicht in Selbstgenügsamkeit zurückfällt, ist es die Aufgabe Mephistos, ihn in seinem Streben wieder anzustacheln. Paradoxerweise wird Mephisto später mit Faust darauf wetten, dass er ihn zur Ruhe bringen wird.

Die himmlische Sphäre und die Wette zwischen dem Herrn und Mephisto schaffen einen Rahmen für die existenzielle Tragödie des Renaissance-Gelehrten Faust. Dieser Rahmen wird am Ende von „Faust I“ nicht geschlossen, sondern war von Beginn an für die gesamte Faust-Handlung gedacht. Erst knapp zehntausend Verse später, ganz am Ende des zweiten Teils, wird diese Ebene von Goethe wieder ins Spiel gebracht.

Rahmenhandlung wird erst am Ende von „Faust II“ geschlossen

Die Gelehrtentragödie

Existenzkrise und Entgrenzungsversuche

KURZINFO

Grenzen der Erkenntnis und des Menschseins führen zur Existenzkrise

- Die Ausführungen Fausts sind als innerer Monolog zu verstehen.
- Raum und Tageszeit spiegeln seine innere Befindlichkeit wider.
- Faust hat alles verfügbare Wissen angehäuft, doch befriedigt ihn dies nicht. Deshalb wendet er sich der Magie zu.
- Er versteht sich als Ebenbild der Gottheit, bleibt aber als Mensch begrenzt.
- Drei Versuche (Makrokosmos, Erdgeist, Selbstmordplan), die bestehenden Grenzen zu überwinden, scheitern.
- Im Gespräch mit Wagner, einer Kontrastfigur zu Faust, wird die Wissenschaftskritik fortgesetzt.

Nacht

Im deutlichen Kontrast zur Helligkeit des „Prologs im Himmel" wird Faust in der Nacht präsentiert. Er sitzt laut Regieanweisung in einem „hochgewölbten, engen, gotischen Zimmer". Darüber hinaus erfährt man durch Faust, dass der Raum von verstaubten Büchern, „Gläsern, Büchsen", „Instrumenten" und „Hausrat" (406–408) vollgestopft vorzustellen ist. Diese dürften die Enge des Ortes noch verstärken.

Symbolcharakter von Raum und Zeit

Tageszeit und Raum haben Zeichen- bzw. Symbolcharakter. Die Nacht signalisiert auf der einen Seite die Dunkelheit, in der man nicht viel sehen kann. Die Möglichkeiten des Menschen sind – ganz bildhaft – beschränkt. Auf der anderen Seite ist sie die Tageszeit der dunklen Gedanken, der Zweifel und Depressionen, in die auch Faust in dieser Szene stürzen wird. Es ist zudem die Nacht vor Ostern, in der die christliche Welt um den gekreuzigten, gestorbenen und begrabenen Christus trauert. Dies ist ohne Zweifel als ein Hinweis auf die Selbstmordabsichten des Gelehrten zu deuten.

Die räumliche Enge steht ebenfalls äußerlich für seine innere Befindlichkeit. Sein Erkenntnishorizont ist begrenzt. Tieferes Verständnis wird verstellt durch Tradition, wissenschaftliche Methoden und fachliche Abgrenzungen.

Der Raum ist hochgewölbt. Der Blick des Betrachters strebt damit automatisch gen Himmel. Auch dies ist kein Zufall, wenn man bedenkt, dass Faust auf der Suche nach göttlicher Erkenntnis ist bzw. sich den Göttern gleich wähnt. Nicht zuletzt ist der gotische Charakter des Raumes bedeutsam. Goethe (miss)verstand und bewunderte die Gotik als eine deutsche Architekturkunst, so dass die Wahl des Raumes Faust bereits vor Handlungsbeginn in einen deutschen Kulturkreis des ausgehenden Mittelalters setzt.

Festlegung Fausts auf beginnende Neuzeit

Auch das Versmaß, in denen seine berühmten Klagen über die Wissenschaft verfasst sind, legt ihn darauf fest. Es sind Knittelverse (vierhebige Verse im Paarreim), die die Zeitgenossen Goethes an die immer noch populäre Literatur des 15. und 16. Jahrhunderts erinnerten. Genau in dieser Zeit lebte der historische Faust, den Goethe in seinem Drama zu Beginn seufzen lässt:

> Habe nun, ach! Philosophie,
> Juristerei und Medizin,
> Und leider auch Theologie!
> Durchaus studiert, mit heißem Bemühn.
> Da steh ich nun, ich armer Tor!
> Und bin so klug als wie zuvor […]. (354 ff.)

Struktur der spätmittelalterlichen Universität

Die Nennung und Reihenfolge der Fachrichtungen verweist auf die Struktur der spätmittelalterlichen bzw. frühneuzeitlichen Universität, die aus vier Fakultäten bestand. Die Philosophische Fakultät umfasste die grundlegenden Wissenschaften Grammatik, Rhetorik, Dialektik, Arithmetik, Musik, Astronomie und Geometrie, die mit dem Magister Artium abgeschlossen wurden. Dieser Abschluss öffnete den Zugang zu den drei höheren Fakultäten Jura, Medizin und Theologie, von denen nach dem christlichen Weltbild die Theologie das größte Ansehen besaß.

Der Renaissance-Gelehrte hat nun alle diese Fächer mit großem Engagement („heißem Bemühn") studiert. Sogar einen Doktortitel hat er erworben. Er weiß mehr als alle anderen, und doch muss er sich eingestehen, dass „wir nichts wissen können" (364). Alles verfügbare Wissen der damaligen Welt hat ihn nicht weitergebracht in der Frage, „was die Welt / Im Innersten zusammenhält" (382 f.).

Ziel:
Kein enzyklopädisches Wissen, sondern Streben nach göttlichem Prinzip

Faust geht es dabei nicht um ein enzyklopädisches Wissen, nicht um die Summe der Informationen. Er strebt

vielmehr nach einem göttlichen Prinzip, einem ganzheitlichen Erklärungsansatz. Diese, ins Religiöse gehende Suche nach Erleuchtung, die bisher ergebnislos war, mag seine tiefe Enttäuschung („leider auch Theologie") gegenüber der theologischen Wissenschaft erklären.
In einer für das gesamte Drama typischen Gegensätzlichkeit kontrastiert Faust seine als beschränkt empfundene Situation im nächtlichen Studierzimmer mit der Unendlichkeit der Natur. Er bezeichnet den Raum als „Kerker", als „[v]erfluchtes dumpfes Mauerloch" (398 f.), in dem er umgeben von Verstaubtem, von „Rauch und Moder", „Tiergeripp und Totenbein" (416 f.) sein Dasein fristen muss.

Kerker versus Natur

Die dunkle Gefängnis- und Todesmetaphorik steht im Gegensatz zur Helligkeit der Naturbeschreibungen. Dem Rousseau'schen Ideal „Zurück zur Natur" folgend, wünscht sich Faust auf „Bergeshöhn" im „lieben Lichte" (392 f.) zu gehen, sich im „Tau gesund" (397) zu baden. Er sehnt sich nach unmittelbarer Erfahrung der „lebendigen Natur" (414), die die vermittelte Tradition der Buchgelehrsamkeit ersetzen soll.

Sinnliches Defizit

In der literarischen Epoche des Sturm und Drang, in der der „Urfaust" entstand, stand Natur als Metapher auch für ein sinnlich erfülltes Leben. Der Naturzustand bildete den Gegenpol zu gesellschaftlichen Konventionen und Normen. Insofern weist der Wunsch nach Naturnähe auch auf ein sinnliches Defizit Fausts hin. Es ist genau dieser Mangel, den Mephisto sich zunutze machen möchte.
Bezeichnenderweise geht Faust nun aber nicht hinaus, sondern bleibt in seiner Begrenztheit stecken. Er kann aus seiner Haut nicht heraus und schlägt ein Buch auf. Um die Krise der Erkenntnis zu überwinden, wendet sich Faust einem Buch von Nostradamus zu. Damit hat er den Weg der traditionellen Wissenschaften verlassen und sucht in der Magie Erfüllung.

Erster Entgrenzungsversuch: Faust kann das Schauspiel des Makrokosmos nicht begreifen

Faust erblickt das Zeichen des Makrokosmos, welches ihm ein überwältigendes Bild bietet. Der Wissenschaftler, der über das Wissen der Einzelteile nicht hinausgekommen ist, sieht bewundernd, „[w]ie alles sich zum Ganzen webt" (447). Doch letztendlich bleibt dieser Versuch, die bestehenden Grenzen zu überwinden, unvollständig, denn Faust kann die Vorgänge zwar bestaunen, aber im wahrsten Sinne des Wortes nicht begreifen.

> Welch Schauspiel! aber ach! ein Schauspiel nur!
> Wo fass ich dich, unendliche Natur?
> Euch Brüste, wo? [...] (454–456)

Zweiter Entgrenzungsversuch: Faust ist kein Ebenbild der Gottheit

Unvermittelt taucht der Erdgeist auf, dessen flammende Erscheinung Faust jedoch zunächst Angst einflößt. Der Erdgeist ist der gottgleiche Schöpfer der Natur, der Herrscher über Leben und Tod. Von diesem mächtigen Geist herausgefordert, versucht sich Faust auf die gleiche Stufe zu stellen („Ich bin's, bin Faust, bin deinesgleichen!", 500). Doch in dieser übersteigerten Selbstwahrnehmung irrt er sich gewaltig. Seine Kraft mochte ausreichen, um den Erdgeist anzuziehen, aber er kann ihn nicht festhalten. Dieser verhöhnt ihn nur, er gleiche bestenfalls dem Geist, den er sich vorstellen könne, nicht aber ihm.
Auf sich selbst zurückgeworfen ist die Enttäuschung schlimmer als der Zustand vorher. Zu der Krise der Erkenntnis kommt das Bewusstsein der Begrenztheit des vermeintlichen Übermenschen hinzu.

> FAUST *(zusammenstürzend).* Nicht dir?
> Wem denn?
> Ich Ebenbild der Gottheit!
> Und nicht einmal dir! (514–517)

Zeit zur Verarbeitung der Enttäuschung hat Faust freilich nicht, denn überraschend klopft sein Schüler Wagner an die Tür, dem Faust widerwillig öffnet. Wagner ist die verzerrte Karikatur eines Wissenschafters, den Goethe der Lächerlichkeit preisgibt. Der „trockne Schleicher" (521) – so die Ankündigung Fausts – hat in der Tat kein Herzblut für die Wissenschaft. Er ist ein pedantischer Stubenhocker, der kaum unter Leute kommt. Weltfremd erscheint er nicht zuletzt auch deshalb, da er „im Schlafrocke und der Nachtmütze" (Regieanweisung vor 522) mitten in der Nacht vor seinem Professor erscheint, um mit ihm zu diskutieren.

Wagner, der „trockne Schleicher" – eine Karikatur

Nicht weniger komisch wirkt seine Deutung von Fausts Lamento, das er offenbar von draußen gehört hat. Er missversteht den Weltschmerz seines Professors als das laute Lesen einer griechischen Tragödie. Gefühlsausbrüche sind ihm offenbar nur aus der Literatur bekannt.

Komische Einlage

Um von der Vortragskunst Fausts zu profitieren, beginnt er ein Gespräch über die Rhetorik. Faust setzt der leidenschaftslos antrainierten Redegewandtheit („Wenn ihr's nicht fühlt, ihr werdet's nicht erjagen", 534) das Pathos entgegen, ohne das man die „Herzen" (537) der Zuhörer nie erreichen könne.

Faust und Wagner als Kontrastfiguren

Nachdrücklich betont Faust, dass alles aus der eigenen „Seele" (535, 569) kommen müsse. Daher hat er nur Spott für seinen Famulus übrig, der aus den schriftlichen Quellen lernen möchte. Das Gespräch gleitet damit in eine Grundsatzdiskussion über die historischen Wissenschaften. Für Wagner ist das Quellenstudium die Möglichkeit, sich in den Geist der Zeiten zu versetzen und den Fortschritt der Menschheit zu erkennen. Für Faust, der schon zu Beginn der Szene seine Verachtung über die Methoden und Traditionen des wissenschaftlichen Betriebs geäußert hatte, ist die Vergangenheit ein „Buch mit sieben Siegeln" (576). Ihn drängt es nach eigener, unmittelbarer Erfahrung. Vermitteltes, tradiertes Wissen ist für ihn ohne Wert. In diesem Zusammenhang teilt er auch nicht den Fortschrittsoptimismus seines Schülers. Schließlich seien diejenigen, die mit der Tradition gebrochen haben und ihr Innerstes offenbarten, seit jeher „gekreuzigt und verbrannt" (593) worden.

Eigene unmittelbare Erfahrung versus Tradition und Quellenstudium

Trotz der eher unerquicklichen Auseinandersetzung und der herablassenden Behandlung durch Faust möchte der Famulus das Gespräch am folgenden Tage fortsetzen. Er wisse zwar viel, doch möchte er „alles wissen" (601). Wagners Wunsch ist sicherlich als Streben nach enzyklopädischem Wissen zu verstehen, bei dem die Summe der Informationen ihn schon glücklich macht. Faust ist mit seiner Suche nach dem Kern längst über diesen Schritt hinaus.

Funktion der Zwischenszene

Diese Zwischenszene hat drei Funktionen: Durch die unfreiwillige Komik wird die Dramatik und Spannung kurzfristig gelöst. Darüber hinaus setzt sie thematisch die Universitätssatire mit der Kritik der Wissenschaften fort. Nicht zuletzt gewinnt Fausts Charakter durch die Kontrastierung mit Wagner schärfere Konturen.

Wieder allein verfällt Faust in eine tiefe Depression

Wieder allein erfasst Faust die Totalität der Existenzkrise in vollem Umfang. Er empfindet sich als „Zwerg" (613), der „grausam [...] [i]ns ungewisse Menschenlos"

(628 f.) zurückgestoßen worden ist. Zu tief sitzt der Schmerz, dass er nicht den Göttern gleicht, so dass er sich nun dem „Wurme [...], der den Staub durchwühlt" (653), verwandt sieht. Die von Beginn an herrschende Melancholie und Schwermütigkeit ist endgültig in eine tiefe Depression umgeschlagen.

Hilfe suchend sieht er sich im Raum um, bis sein Blick schließlich an einer „Phiole" (690) Gift hängen bleibt. Der Selbstmordgedanke ist jedoch nicht bloß als verzweifelter Wunsch, dem Leben ein Ende zu setzen, zu verstehen. Es ist vielmehr ein dritter Entgrenzungsversuch, nämlich der Weg, sich der menschlichen Beschränktheit zu entziehen und nach dem Tod den Göttern näher zu sein. Doch als Faust ansetzt, das Gift zu trinken, hört er die Botschaft der Auferstehung Christi. Das Glockenläuten und die Engelschöre am frühen Ostermorgen erinnern ihn an eine verdrängte Ebene jugendlicher Gläubigkeit. Aber von der theologischen Wissenschaft zutiefst enttäuscht, seufzt er, „die Botschaft hör ich wohl, allein mir fehlt der Glaube" (765). Doch die frühen religiösen Grundgefühle gewinnen schließlich Oberhand. „An der Grenze der Existenz ist Faust hellhörig für Töne, die er lange nicht mehr wahrnahm, weil er sich ihnen willentlich verschloss" (Weber, S. 46).

Dritter Entgrenzungsversuch: Selbstmordgedanke

Jugendliche Gefühlsreligiosität vereitelt den Selbstmord

> Ein unbegreiflich holdes Sehnen
> Trieb mich durch Wald und Wiesen hinzugehn,
> Und unter tausend heißen Tränen,
> Fühlt ich mir eine Welt entstehn.
> [...]
> Erinnrung hält mich nun, mit kindlichem Gefühle,
> Vom letzten, ernsten Schritt zurück.
> O tönet fort, ihr süßen Himmelslieder!
> Die Träne quillt, die Erde hat mich wieder! (775–784)

Analog zur Auferstehung Christi reißt sich Faust aus den Klauen des Todes. Neuer Lebensmut erfüllt ihn, ein Hochgefühl, was freilich nicht von langer Dauer ist.

Vor dem Tor

KURZINFO

Revueszene mit Verweischarakter

- Die Revueszene zeigt die soziale Welt, in der Faust lebt. Für ihn ist es die erste Öffnung zur Weltfahrt.
- Die Gespräche der Jungen und Mädchen sowie die Lieder der Soldaten und der Bauern verweisen motivisch auf die Gretchentragödie.
- Faust wird von der Menge bewundert, doch er gehört nicht dazu. Er wirkt isoliert.
- Wagner und Faust trennt nicht nur ihr Verhältnis zum Volk, sondern auch eine unterschiedliche Verantwortungsethik.
- Aus der räumlichen Entgrenzung erwächst der Wunsch, durch Zauberkraft zu fliegen. In diesem Moment taucht Mephisto in Gestalt eines Pudels auf.

Kontrast zur „Nacht"

Die „Nacht", in die der Zuschauer nach der Szene im Himmel versetzt wurde, ist dem hellen Tag gewichen. Anstelle der Innerlichkeit Fausts, die sich weitgehend ohne lebendiges Gegenüber in Monologen aussprach, tritt das gesellige Miteinander.

Revue: Nacheinander von Bürgern und Bauern

Das Osterfest hat viele Menschen vor das Tor gelockt. Goethe greift hier in der Tat ins „volle Menschenleben", wie die Lustige Person im „Vorspiel auf dem Theater" empfohlen hatte. Revuehaft werden nacheinander Bürger und Bauern als Vertreter unterschiedlicher sozialer Gruppen gezeigt. Zunächst werden die unverheirateten Handwerksburschen und Dienstmädchen vorgeführt. Anzüglich und derb sprechen sie über die Liebe zum anderen Geschlecht. Eine Alte bietet sich den Mädchen als Kupplerin an (vgl. 875). Die Bürgermädchen wissen aber um die soziale Kontrolle der Stadt, die das Beisammensein der Unverheirateten argwöhnisch betrachtet.

> Agathe fort! ich nehme mich in Acht
> Mit solchen Hexen öffentlich zu gehen […]. (876 ff.)

Dies ist ein kaum verhüllter Verweis auf Gretchens Schicksal im weiteren Verlauf des Dramas. Die Bezeichnung der Hexe spielt einerseits auf die Sinnlichkeit der „Walpurgisnacht" an. Andererseits dürfte die Sphäre der Teufel und Hexen auch auf Mephisto verweisen, der als Kuppler Faust und Gretchen zusammenbringt.

Vorausdeutungen auf Gretchentragödie

Nicht zufällig hat Goethe ein Soldatenlied den Äußerungen der Mädchen nachgeschaltet, welches ebenfalls motivisch die Gretchentragödie vorwegnimmt.

Das ist ein Stürmen!
Das ist ein Leben!
Mädchen und Burgen
Müssen sich geben.
[…]
Und die Soldaten
Ziehen davon. (895–902)

Gretchen ist das gefallene Mädchen, das sich der Liebe hingibt und allein ihrem Schicksal überlassen wird. Nicht zu vergessen ist in diesem Zusammenhang die Tatsache, dass ihr Bruder Valentin Soldat ist.
Auch das Schäferlied (vgl. 949–980), das die Bauern tanzend vortragen, spielt auf Gretchen an. Die Beschreibung des Schäfers, der ein junges Mädchen anspricht, weist starke Parallelen zu Fausts erster Begegnung mit Gretchen auf.

Er drückte hastig sich heran,
Da stieß er an ein Mädchen an
Mit seinem Ellenbogen;
Die frische Dirne kehrt sich um
Und sagte: nun, das find ich dumm! (957–961)

Das Lied endet bezeichnenderweise mit der Weisheit, dass mancher „seine Braut / Belogen und betrogen" habe (974 f.).

Erste Öffnung zur Weltfahrt

Für Faust selbst ist es die erste Öffnung zur Welt nach der quälenden Enge des Studierzimmers. Schon der Ort „Vor dem Tor" ist symbolisch zu sehen. Thematisch weist die Öffnung bereits auf die spätere sogenannte Weltfahrt hin, die zunächst die kleine Welt in „Auerbachs Keller" und Gretchens kleinbürgerliche Sphäre umfasst, in „Faust II" aber sich durch die Jahrhunderte bis in die Antike erstreckt. Noch sind die Bezüge freilich vage, wenn die jungen Liebhaber davon sprechen, dass sie die „schönsten Mädchen und das beste Bier, / Und Händel von der ersten Sorte" (815 f.) im Dorf finden würden. Das ist jedoch genau das, was Faust erwarten wird. Dass er sich hier unters einfache Volk mischt, entspricht motivisch der späteren Begegnung mit dem kleinbürgerlichen Gretchen.

Frühlingstag als Neubeginn

Der Professor erlebt den Frühlingstag nach den Erlebnissen der Nacht als Wiederauferstehung. Schon die Jahres-

zeit, die den lähmenden Winter zurückdrängt, steht für einen Neubeginn. Buntheit ersetzt das Einheitsgrau. In dieser sprießenden Natur fühlen sich die Menschen wohl, so dass ein jeder sagen kann: „Hier bin ich Mensch, hier darf ich's sein." (940)
Die gesellschaftlichen Gruppen bleiben aber unter sich. Die kleinbürgerliche Welt ist nicht die der Bauern. Die Handwerksburschen und Dienstmädchen verschwinden von der Bühne, bevor die bäuerliche Gesellschaft erscheint. Faust gehört keiner dieser Sphären an. Er sticht heraus als „Hochgelahrter" (984), um den das Volk einen Kreis bildet (vgl. Regieanweisung vor 993) und dadurch auf Distanz bleibt. Die Bauern drücken ihre Freude darüber aus, dass er sich an einem solchen Tage unters Volk mische, was nichts anderes bedeutet, als dass sie dies als etwas Besonderes empfinden.

Isolation des Hochgelehrten

Die Bauern haben nicht vergessen, dass Faust und sein Vater während der wütenden Pest vielen Menschen das Leben gerettet haben. Die anhaltende Bewunderung des Volkes führt zu einem Gespräch zwischen Faust und Wagner, das ihre unterschiedlichen verantwortungsethischen Positionen aufzeigt. Im Gegensatz zu Faust, der unter der Isolation als Lebensdefizit leidet, sieht sich Wagner als „Feind von allem Rohen" (944). Diese generelle Abneigung gegenüber dem Volk prägt auch seine wissenschaftliche Auffassung. Ob die Wissenschaft tatsächlich hilft, ist ihm gleichgültig (vgl. 1056–1059). Denn nicht auf den Nutzen für die Menschheit kommt es ihm primär an, sondern auf den eigenen Vorteil. Nur in diesem Zusammenhang sind seine folgenden Ausführungen richtig zu verstehen:

Wagners eigener Vorteil

> Welch ein Gefühl musst du, o großer Mann!
> Bei der Verehrung dieser Menge haben!
> O! glücklich! wer von seinen Gaben
> Solch einen Vorteil ziehen kann. (1011–1014)

Fausts Verantwortungsbewusstsein und Selbstkritik

Faust hingegen prägen Verantwortungsbewusstsein und die Frage nach dem gesellschaftlichen Wert der Wissenschaft. Er entlarvt das medizinische Wirken des Vaters als Scharlatanerie. Sein Vater sei „ein dunkler Ehrenmann" (1034), ein Alchemist gewesen, der ohne ärztliche Fachkenntnisse mit Quecksilber und Salzsäure (vgl. 1042 f.) stümperhaft experimentiert habe. Niemand habe danach gefragt, woran die Menschen nach Verabreichung der daraus entstandenen Medizin gestorben seien. Seine Selbstkritik fällt vernichtend aus. Sie selbst hätten

> Weit schlimmer als die Pest getobt.
> Ich habe selbst den Gift an Tausende gegeben,
> Sie welkten hin, ich muss erleben
> Dass man die frechen Mörder lobt. (1052–1055)

Er verdrängt jedoch im Angesicht der Abendsonne die kritischen Gedanken. Der Blick in die Ferne beflügelt den Gelehrten im wahrsten Sinne des Wortes. Er malt sich aus, wie er durch „Flügel" – der zentralen Metapher seines nun folgenden Monologs (vgl. 1074, 1090, 1091) – der menschlichen Begrenztheit enthoben werden könnte. Kontrapunktisch zu Fausts Wunsch, die Welt von oben zu betrachten, begnügt sich Wagner mit selbstzufriedener Plattheit. Er bleibt lieber auf dem Boden der Tatsachen und hält sich an ein gutes Buch. In Umkehrung der Ausweitung von Fausts Horizont in Richtung Himmel empfindet er, dass der „Himmel zu dir nieder" (1109) steige, wenn man ein ehrwürdiges Pergament entrollen könne.

„Flügel" – Metapher des Entgrenzungswunsches

Wagner bleibt damit eindimensional auf seine Buchgelehrsamkeit begrenzt. Faust dagegen ist mehrdimensional angelegt. Die Spannung zwischen dem Durst nach sinnlicher Befriedigung und göttlicher Existenz droht ihn zu zerreißen.

Fausts spannungsvolle Existenz

> Du bist dir nur des einen Triebs bewusst;
> O lerne nie den andern kennen!
> Zwei Seelen wohnen, ach! in meiner Brust,
> Die eine will sich von der andern trennen;
> Die eine hält, in derber Liebeslust,
> Sich an die Welt, mit klammernden Organen;
> Die andre hebt gewaltsam sich vom Dust
> Zu den Gefilden hoher Ahnen. (1110–1117)

Um diese unerträgliche Spannung zu überwinden, ruft er abermals die Geister an. Er erfleht einen „Zaubermantel" (1122), der ihm zu „neuem buntem Leben" (1121) verhelfen soll. Dies ist Mephistos Stichwort, der in Gestalt eines Pudels sich den beiden nähert.

„Zaubermantel" als Stichwort für Mephisto

Teufelspakt und Wette

Studierzimmer I

KURZINFO

Erste Begegnung von Faust und Mephisto

- Auf der Suche nach ursprünglicher Erfahrung wendet sich Faust der biblischen „Offenbarung" im griechischen Original zu.
- Mephisto entpuppt sich als des „Pudels Kern".
- Mephistos Macht ist begrenzt. Wegen eines Pentagramms kann er den Raum nicht mehr verlassen.
- Faust bietet Mephisto einen Pakt an, dem sich der Teufel durch einen Trick entzieht.

Faust nimmt den Pudel mit nach Hause in sein Studierzimmer. Offensichtlich kann er sich nicht aus seiner alten Existenz lösen, obwohl der Leidensdruck groß ist und die Fundamentalkrise zu einer Entscheidung drängt. Denn schon bald ist die Naturerfahrung des Tages verblasst, so dass „Befriedigung nicht mehr aus dem Busen quillen" (1211) will. Um die Depressionen nicht wieder aufkommen zu lassen, sucht er „Offenbarung" (1217) im gleichlautenden Text des Neuen Testaments. Konsequenterweise gibt er sich aber nicht mit der tradierten Übersetzung zufrieden, sondern nimmt das Original zur Hand. Ihn drängt es zur Quelle, zur unmittelbaren Erfahrung. Sein Versuch, den griechischen Text in sein „geliebtes Deutsch" (1223) zu übertragen, kennzeichnet ihn darüber hinaus als einen Menschen des Reformationszeitalters. Es sei daran erinnert, dass der historische Faust ein Zeitgenosse Luthers war.

Religiöse Offenbarung gegen aufkommende Depression

Fausts Versuch, im Text des Johannes Offenbarung zu finden, ist jedoch zum Scheitern verurteilt. Schon beim vierten Wort der Übersetzung („Wort") gerät er ins Stocken (vgl. 1224f.). Mit dem Logos-Begriff des Originals kann er sich nicht zufriedengeben, da er generell das Wort verachtet. So interpretiert er den Begriff zunächst als „Sinn" (1229), doch zweifelt er sogleich daran, ob es der Sinn ist, der alles schafft (vgl. 1232), und gelangt schließlich über „Kraft" (1233) zu „Tat" (1237). Der Duktus des Übersetzens spiegelt seine innere Entwicklung. Er wird vom Wortgelehrten zum Mann der Tat.

Übersetzung symbolisiert inneren Wandel

Sein Bemühen wird freilich auch vom teuflischen Pudel gestört, dessen Knurren und Bellen Mephistos Abneigung gegenüber der Beschäftigung mit religiösen Inhalten symbolisiert. Faust wird diese Störung nicht mehr los, „weil er sie selbst in sich trägt“ (Schmidt, 1999, S. 120). Mit Beschwörungsformeln zwingt er den Pudel zur Verwandlung, so dass Mephisto in seiner wahren Gestalt erscheint. Er ist als „fahrender Scolast“ (1324) gekleidet, was auf die folgende Weltfahrt hinweist. In sozialer Hinsicht hat er sich Faust äußerlich angepasst.

Mephistos Verwandlung und wahre Gestalt

Mephisto stellt sich selbst in einem Rätselwort vor. Er sei

> Ein Teil von jener Kraft,
> Die stets das Böse will und stets das Gute schafft.
> [...]
> Ich bin der Geist der stets verneint!
> Und das mit Recht; denn alles was entsteht
> Ist wert dass es zugrunde geht;
> [...]
> Ich bin ein Teil des Teils, der anfangs alles war,
> Ein Teil der Finsternis, die sich das Licht gebar [...]. (1335 ff.)

Goethe spielt hier nicht nur mit dem wichtigen Leitmotiv des Teils bzw. Ganzen, sondern zeigt damit die begrenzte Macht Mephistos. Er ist nur ein Teil der teuflischen Welt, deren Bedeutung aber gegenüber der christlichen Vorstellung erhöht ist. Der Schöpfungsmythos ist ins Gegenteil verkehrt. Am Anfang war die Finsternis. Mephistos Weltbild ignoriert damit seine vom Herrn zugewiesene Funktion, das Nachlassen des menschlichen Strebens zu verhindern. Stattdessen setzt er sich und seine Sphäre absolut.

Umkehrung des Schöpfungsmythos

Faust erkennt jedoch, dass es mit Mephistos eigentlichem Element der Sünde, der Zerstörung, also dem Bösen nicht weit her ist. Im Großen könne er „nichts vernichten“ (1360). Seine destruktive Kraft führt nur zur Neuschöpfung, zum Guten (vgl. 1336). Seine Begrenztheit zeigt sich auch in der Tatsache, dass er nicht ohne weiteres das Studierzimmer wieder verlassen kann. Ein unsauber gezeichnetes Pentagramm, ein magisches Symbol, das den Teufel bannen soll, versperrt ihm den Ausgang. Beim Eintritt hat er dieses nicht bemerkt, doch da er nach den Grundregeln der Hölle denselben Ausgang nehmen muss, ist er eingeschlossen.

Begrenzte Macht Mephistos

Aus der Position der eigenen Überlegenheit denkt Faust daran, einen „Pakt“ (1414) mit dem Teufel zu schließen. Doch dies ist keine günstige Stunde für Mephisto, der das Teufelsbündnis deshalb vertagen möchte. Durch einen Zauber lässt er den Gelehrten in einen Traum versinken, dessen dramaturgische Gestaltung (Geister) als innere Projektion Fausts zu verstehen ist. Im Wettstreit der Magier – auch Faust hatte ja einen Pudel hervorgezaubert – ist Mephisto dem Renaissance-Menschen weit überlegen. Nun lässt er als Herr der Ratten, Fliegen und anderer Tiere den fünfzackigen Stern am Boden zernagen. Auf diese Weise kann er entkommen. Faust ist erneut in die Schranken gewiesen worden. Zutiefst enttäuscht fragt er sich, als er aufwacht, ob er „denn abermals betrogen“ (1526) sei.

Mephisto vertagt den Teufelspakt

Faust fühlt sich abermals betrogen

Studierzimmer II

KURZINFO

Aus dem Teufelspakt wird eine Wette

- Faust verflucht seine Existenz. Damit ist er endlich reif für das Bündnis mit dem Teufel.
- Mephisto bietet einen traditionellen Teufelspakt an, den Faust in eine Wette verwandelt.
- Faust glaubt nicht daran, dass ihm Mephisto den Moment der Erfüllung geben kann.
- Mephistos Studienberatung setzt die Universitätssatire fort.

Als Mephisto wiederkommt, ist Faust abermals von den Depressionen der „Nacht“ befallen. Das Dasein ist ihm eine Last, „der Tod erwünscht“ (1571), das Leben verhasst. Alle Entgrenzungsversuche sind gescheitert, den Erdgeist und Mephisto hat er anziehen, aber nicht halten können. Erst mit dem Erreichen dieses „inneren Nullpunkts“ (Schmidt, 1999 S. 140) sind die Voraussetzungen für ein Bündnis mit dem Teufel geschaffen. Erst jetzt ist er reif für die Verdammung der bürgerlichen Existenz:

„Innerer Nullpunkt“ – Faust ist reif für den Teufelspakt

> Verflucht was als Besitz uns schmeichelt,
> Als Weib und Kind, als Knecht und Pflug!
> Verflucht sei Mammon, wenn mit Schätzen
> Er uns zu kühnen Tat regt,
> Wenn er zu müßigem Ergetzen
> Die Polster uns zurechte legt!

> Fluch sei dem Balsamsaft der Trauben!
> Fluch jener höchsten Liebeshuld!
> Fluch sei der Hoffnung! Fluch dem Glauben,
> Und Fluch vor allen der Geduld! (1597–1606)

Funktion der Fluchrede

Wie der letzte Vers ausdrückt, kann und will Faust nicht länger auf eine Erlösung warten. Der Fluch ist nicht nur traditioneller Bestandteil des mittelalterlichen Teufelspakts. Die totale Verneinung von Ehe und Besitz, von Glaube, Liebe und Hoffnung wirft auch ihre Schatten auf die Gretchentragödie voraus. Nach dieser existenziellen Verfluchung von Ehe und Familie erscheint die dauerhafte Verbindung zu Gretchen von vornherein ausgeschlossen.
Mephisto nutzt die Gunst der Stunde und bietet Faust an, sein „Diener", sein „Knecht" (1648) zu sein. Über die Gegenleistungen schweigt er zunächst, doch der Gelehrte traut dem Teufel nicht, so dass dieser präzisierend ausführt:

> Ich will mich h i e r zu deinem Dienst verbinden,
> Auf deinen Wink nicht rasten und nicht ruhn;
> Wenn wir uns d r ü b e n wiederfinden,
> So sollst du mir das Gleiche tun. (1656–1659)

Tradition des mittelalterlichen Teufelspakts

Mephistos Angebot steht in der Tradition des mittelalterlichen Teufelspakts. Nach diesem Muster verpflichtete sich der Teufel, im Diesseits dem Menschen zu dienen. Der Vertragspartner wiederum erklärte sich bereit, im Jenseits das Gleiche für den Teufel zu tun. Durch den Verkauf der Seele an den Teufel band sich der Mensch auf ewig an die dunkle Seite der Macht. Unklar blieb lediglich der Zeitpunkt, wann die Dienstzeit des Teufels endete, aber ein Entkommen des Menschen war ausgeschlossen. Das Opfer hatte von vornherein verloren.

Geringschätzung von Mephistos Möglichkeiten

Faust kümmert das Jenseits wenig, da er nicht daran glaubt. Das Einzige, was ihn daran hindert, auf das Angebot einzugehen, ist seine Geringschätzung für Mephistos Möglichkeiten.

> Was willst du armer Teufel geben?
> Ward eines Menschen Geist, in seinem hohen Streben,
> Von deinesgleichen je gefasst? (1675–1677)

Er formuliert eine Liste von unerfüllbaren Wünschen, doch Mephisto verspricht diese zu ermöglichen. In der subjektiven Gewissheit, dass der Teufel ihm nicht den Augenblick des Glücks verschaffen kann, bietet er ihm schließlich die folgende Wette an:

> Werd ich beruhigt je mich auf ein Faulbett legen;
> So sei es gleich um mich getan!
> Kannst du mich schmeichelnd je belügen
> Dass ich mir selbst gefallen mag,
> Kannst du mich mit Genuss betriegen;
> Das sei für mich der letzte Tag!
> Die Wette biet ich! (1692–1698)

Zusätzliche Bedingung?

Per Handschlag schließen sie die Wette ab. Als Nachtrag schiebt Faust eine weitere Bedingung hinterher, deren Rechtsgültigkeit bei den „Faust"-Interpreten umstritten ist.

> Werd ich zum Augenblicke sagen:
> Verweile doch! du bist so schön!
> Dann magst du mich in Fesseln schlagen,
> Dann will ich gern zugrunde gehn!
> Dann mag die Totenglocke schallen,
> Dann bist du deines Dienstes frei,
> Die Uhr mag stehn, der Zeiger fallen,
> Es sei die Zeit für mich vorbei! (1699–1706)

Nach dieser Formulierung muss Faust im Moment der Erfüllung noch zusätzlich sagen: „Verweile doch! du bist so schön!" Es bleibt unklar, ob diese nachträgliche Bedingung auch Teil der Wette ist und schriftlich festgehalten wird, als Mephisto um die vertragliche Fixierung bittet, die von Faust mit einem Tropfen Blut unterschrieben wird.

Wette ersetzt Teufelspakt

Die Wette ersetzt den klassischen Teufelspakt. Ob Faust je Mephisto im Jenseits dienen muss, bleibt offen bzw. abhängig vom Ausgang der Wette. Das von Mephisto temporal verstandene „wenn" in Vers 1658 („wenn wir uns d r ü b e n wiederfinden") wird mit der Einführung der Wette konditional („falls").

Absurde Wettziele

Die Wette selbst mag man als absurd bezeichnen. Mephisto wettet gegen seine eigentliche Funktion, den Menschen zum Streben anzuhalten, darauf, dass er Faust zur Ruhe bringen wird. Faust wettet auf die andauernde Unzufriedenheit, darauf, dass er seine innere quälende Zerrissenheit bis zum Lebensende nicht einen einzigen Augenblick lang verliert.

Mephisto brauche sich – so Faust – keine Sorgen zu machen, dass er sich nicht an die Wettabmachungen halte. Ihn ekle es „vor allem Wissen“ (1749). Er wolle nun die „Tiefen der Sinnlichkeit“ (1750) erleben, in einen emotionalen Rausch versetzt werden, in dem „Schmerz und Genuss, / Gelingen und Verdruss“ (1756 f.) einander abwechseln.

Faust will einen emotionalen Rausch, keine Befriedigung

Hier wird bereits deutlich, dass Mephisto seinen Wettpartner nicht versteht. Denn als er entgegnet, Faust brauche nur zupacken und sich erfreuen, korrigiert ihn der Gelehrte:

> Du hörest ja, von Freud' ist nicht die Rede.
> Dem Taumel weih ich mich, dem schmerzlichsten Genuss,
> Verliebtem Hass, erquickendem Verdruss.
> Mein Busen, der vom Wissensdrang geheilt ist,
> Soll keinen Schmerzen künftig sich verschließen,
> Und was der ganzen Menschheit zugeteilt ist,
> Will ich in meinem innern Selbst genießen [...]. (1765 ff.)

Wenn Faust hier von „genießen“ spricht, so meint er niemals nur sinnliche Befriedigung. Er sehnt sich nach ganzheitlicher Erfahrung, die sich in der Ambivalenz von Glück und Leid ausdrückt.

Ganzheitlicher Genuss

Doch das Missverständnis der beiden geht viel tiefer. Infolge von Mephistos genereller Reduktion des Menschen auf die sinnliche Triebsphäre (vgl. „Prolog“) lautet seine Strategie für die Wette wie folgt:

Mephisto missversteht Fausts Dilemma

> Den schlepp ich durch das wilde Leben,
> Durch flache Unbedeutenheit,
> Er soll mir zappeln, starren, kleben,
> Und seiner Unersättlichkeit
> Soll Speis und Trank vor gier'gen Lippen schweben;
> Er wird Erquickung sich umsonst erflehn,
> Und hätt er sich auch nicht dem Teufel übergeben,
> Er müsste doch zugrunde gehn! (1860–1867)

Mephisto setzt darauf, dass durch die Befriedigung des Trieblebens Fausts Streben insgesamt zur Ruhe kommt. Faust aber hat zwei Seelen in seiner Brust. Der Abgesandte der Hölle begreift nicht, dass mit diesem Weg Fausts Sehnen nach göttlicher Idealität keineswegs gestillt werden kann. Im Gegenteil, es ist zu erwarten, dass die einseitige Festlegung rasch zum Überdruss, zu einer

Kaum Chancen für den Teufel, die Wette zu gewinnen

Sättigung der einen Seite führen wird. Die Befriedigung der einen Seele dürfte aber bewirken, dass der andere Drang in Faust erstarkt. Angesichts dieser grundlegenden Fehleinschätzung ist es beinahe unmöglich, dass Mephisto mit seiner Taktik Erfolg hat und die Wette für sich entscheiden kann.

Schülergespräch als Teil der Universitätssatire

Als sich draußen vor der Tür ein Schüler ankündigt, nimmt Mephisto Fausts Identität an und gibt eine wahrhaft teuflische Studienberatung. Das Schülergespräch setzt die Universitätssatire fort. Der Schüler ist noch unentschlossen, welche Fakultät er wählen soll, doch zeigt sein geäußerter Wunsch nach „ein wenig Freiheit und Zeitvertreib" (1906), dass er an den Inhalten des Studiums insgesamt nur wenig Interesse hat.

„Grau, teurer Freund, ist alle Theorie"

Mephisto ist in dieser Zwischenszene ganz der Schalk, der die Anforderungen, Vor- und Nachteile der jeweiligen Fächer persifliert. Keine Fakultät wird vom beißenden Spott des Teufels ausgenommen. Insgesamt schildert er das Studieren als unerstrebenswerte, trockene Angelegenheit, die in der Erkenntnis gipfelt: „Grau, teurer Freund, ist alle Theorie" (2038). Im Grundstudium wird die Disziplin der Logik als Dressur des Geistes, der in „spanische Stiefel eingeschnürt" (1913) werde, charakterisiert. Die Philosophie führe nicht zur Klarheit der Gedanken, sondern stifte höchstens Verwirrung. Wichtig sei die Metaphysik, deren geordnetes Studium vor allem dazu führe, zu erkennen, dass der Professor „nichts sagt, als was im Buche steht" (1961), also wiederkäut, ohne neue Erkenntnisse zu bringen.

Verspottung der höheren Fakultäten

Die Juristerei wird als Erbkrankheit ironisiert, die sich von Generation zu Generation fortsetze. Einst vernünftige Gesetze würden so unsinnig, wenn sich die gesellschaftlichen Realitäten veränderten. Darüber hinaus werde das Naturrecht, das Recht, „das mit uns geboren ist" (1978), sträflich vernachlässigt. In der Theologie läge so viel „verborgnes Gift" (1986), das es von einer Arznei kaum zu unterscheiden sei. Multiperspektivität und die Auseinandersetzung mit widerstreitenden Positionen führe nur zu mehr Unsicherheit. Um nicht auf den falschen Weg zu geraten, was beinahe unvermeidlich sei, solle sich der Schüler auf die Worte eines Professors beschränken. Theologie ist für Mephisto „Wortgeklingel und Wortklauberei, auch Wortglauberei, fälschender Spiegel für Unbegreifliches" (Weber, S. 163):

> Im Ganzen – haltet Euch an Worte!
> [...]
> Denn eben wo Begriffe fehlen,
> Da stellt ein Wort zur rechten Zeit sich ein.
> Mit Worten lässt sich trefflich streiten,
> Mit Worten ein System bereiten,
> An Worte lässt sich trefflich glauben,
> Von einem Wort lässt sich kein Jota rauben. (1990–2000)

Im Hinblick auf die Medizin lohne es sich nicht, sich abzumühen, da der Herr die Menschen abberufe, wann es ihm gefalle. Allerdings könne der rechte Mann die Medizin dazu nutzen, den Frauen näher zu kommen, was dem Schüler zupass kommt. Sein Ansprechen auf die Sinnlichkeit belegt damit Mephistos Menschenbild. Nachdem er den Schüler mit einer Widmung in seinem Studienbuch verabschiedet hat, kündigt er Faust an, zuerst die „kleine, dann die große Welt" (2052) zu sehen. Im ersten Teil der Tragödie wird es Mephisto bei der kleinbürgerlichen Welt Gretchens belassen. Erst im zweiten Teil reist er durch Raum und Zeit. Mithilfe eines Heißluftballons („Feuerluft", 2069), den die Brüder Montgolfier als Zeitgenossen des jungen Goethe erfunden hatten, beginnt für Faust ein neues Leben.

Sinnlicher Nutzen der Medizin

Szenen des Übergangs

KURZINFO

Verbindung von Gelehrten- und Gretchentragödie

- „Auerbachs Keller" rundet die Parodie der Universität ab.
- Faust ist mit der Plattheit des Trinkgelages nicht zu verführen.
- In der „Hexenküche" wird der alte Gelehrte verjüngt. Ein Zaubertrank bewirkt, dass er in jeder Frau Helena, das Idealbild antiker Schönheit, sieht. Dies bereitet die Gretchentragödie vor.
- Beide Szenen sind motivisch (Französische Revolution, Tiermetaphorik) deutlich aufeinander bezogen.

Auerbachs Keller in Leipzig

Goethe modelliert die Szene auf der Vorlage zweier Wandgemälde, die im historischen Weinkeller des Leipziger Handelshofs „Auerbachs Hof" zu sehen waren. Er

Vorlage: Wandgemälde in „Auerbachs Hof"

kannte die beiden um 1625 entstandenen Darstellungen aus eigener Anschauung. Die eine zeigt Faust in einem Trinkgelage (vgl. S. 34), die andere, wie er auf einem Weinfass reitet. Mephisto ist in beiden Bildern als Hund dargestellt.

Satirisches Zerrbild der Studierenden

Die „Zeche lustiger Gesellen“, wie es in der Regieanweisung heißt, spielt noch im Umkreis der Universität, aber schon jenseits der wissenschaftlichen Sphäre. In ironischer Brechung erweisen sich die Figuren entgegen der Ankündigung als äußerst humorlos. In satirischer Weise skizziert Goethe ein Zerrbild der Studierenden. Sie sind zu selbstzufriedenen Zechkumpanen degradiert, ohne jeglichen Erkenntnisdrang, primitiv und ordinär.

Reduzierung des Menschen auf animalischen Kern

Durch eine konsequente Tiermetaphorik wirkt das Geschehen kaum noch menschlich. Bezeichnenderweise heißt einer der Altsemester Frosch, ein anderer Brander, eine Anspielung auf eine Abart des Rotfuchses. Gleich zu Beginn der Szene wird beklagt, dass „keine Sauerei“ (2078) veranstaltet werde. Als einer dem anderen ein Glas Wein über den Kopf gießt, wird er als „doppelt Schwein“ (2079) beschimpft. Auch die gesungenen Spottlieder (Rattenlied, Flohlied) stehen unter dem Zeichen der Tiermetaphorik. Schritt für Schritt entlarvt die Szene den animalisch-aggressiven Kern der Gesellschaft. Solange der Alkohol in Strömen fließt, fühlen die Studenten sich „kannibalisch wohl, / Als wie fünfhundert Säuen“ (2293 f.). Doch Mephisto will ihre „Bestialität“ (2297) offenbaren, so dass er einen Feuerzauber veranstaltet. Die Gesellen fühlen sich betrogen und wollen ihn umbringen. Die Reduktion des Menschen auf eine animalische Triebhaftigkeit weist zurück auf den „Prolog im Himmel“. Hier hatte Mephisto geäußert, der Mensch sei „tierischer als jedes Tier“ (286).

Rückverweis auf den „Prolog im Himmel“

Die satirische Szene hat aber auch eine hochpolitische Dimension. Dies gilt weniger für die Ansichten der Studenten, die als dumpf nationalistisch („Ein echter deutscher Mann mag keinen Franzen leiden, / Doch ihre Weine trinkt er gern“, 2272 f.) charakterisiert werden. Sie wollen von politischen Liedern nichts wissen (vgl. 2090 ff.). Branders Rattenlied verstehen sie als Liebeslied, obwohl es an Gesellschaftskritik nicht mangelt.

Es nimmt nämlich das Schmarotzertum der Mönche aufs Korn. Die Stellvertreterfunktion der Ratte für den privilegierten Stand des Klerus wird an mehreren Stellen deutlich. Die Ratte lebt von „Fett und Butter" (2127), also von dem, was andere gemacht haben, und hat sich „ein Ränzlein angemäst't, / Als wie der Doktor Luther" (2128 f.). Der „Schmerbauch mit der kahlen Platte" (2154), d. h. mit einer Tonsur, wird darüber hinaus als Ebenbild der Ratte bezeichnet. Dass die Köchin der Ratte Gift gibt, symbolisiert den Versuch, diesem Schmarotzertum am Vorabend der Französischen Revolution ein Ende zu bereiten. Mephistos späteres Flohlied (vgl. 2211 ff.) übt darüber hinaus Kritik am zweiten Stand des ausgehenden Absolutismus. Es entlarvt die Vetternwirtschaft des feudalen Hofes.

Kritik an privilegierten Ständen am Vorabend der Revolution

„Auerbachs Keller in Leipzig" gehört schon zum Szenenbestand des „Urfaust". Goethe greift damit die vorrevolutionäre Stimmung in der zweiten Hälfte des 18. Jahrhunderts auf. Aufschlussreich für Goethes spätere Einstellung ist aber auch die „entschieden antirevolutionäre Um- und Ausgestaltung der Szene" (Schmidt, 1999, S. 147). Nachdem er mit Beginn der Revolution gesehen hatte, zu was der gesellschaftliche Umbruch führen konnte, fügte er die Satire auf die revolutionären Freiheitsbestrebungen des Volkes hinzu. Deshalb wird das Freiheitspathos der Studenten mit ihrem Weindurst gleichgesetzt. „Es lebe die Freiheit! Es lebe der Wein!" (2244) grölt entlarvend einer der Zechkumpanen. Als alle sich „kannibalisch wohl" fühlen, kommentiert Mephisto sarkastisch: „Das Volk ist frei, seht an, wie wohl's ihm geht!" (2295). Kunstvoll gestaltet Goethe das Freiheitsthema weiter aus, obwohl er den Begriff der Freiheit schließlich pervertiert. Die Aggression gegen Mephisto wird von dem Ruf eingeleitet: „Stoßt zu! der Kerl ist vogelfrei!" (2312). Freiheit ist in Zerstörung umgeschlagen. Bezeichnend ist darüber hinaus, dass im „Urfaust" der Gelehrte selbst den Weinzauber veranstaltete, nun arrangiert ihn Mephisto. Für den klassischen Goethe ist der Freiheitsdrang im „Wortsinn Teufelswerk" (Schmidt, 1999, S. 148).

Satire der Freiheitsbestrebungen des Volkes

Pervertierung des Freiheitsbegriffs als Teufelswerk

Es mag kaum überraschen, dass sich Faust von dieser Bestialität und Plattheit nicht verführen lässt. Er bleibt

Faust lässt sich nicht verführen

Wandgemälde in Auerbachs Keller
Wikimedia Inc., St. Petersburg FL (Deutsche Fotothek/Renate Rössing)

ganz passiv und sagt nur lapidar: „Ich hätte Lust nun abzufahren.“ (2296)

Hexenküche

Die Hexenküche gehört zu den schwierigsten Szenen des ganzen Dramas. Dies liegt einerseits daran, dass sie auf Diskontinuität, auf ein betäubendes Durcheinander angelegt ist. Anderseits spielt Goethe mit dem Unsinn als Leitmotiv. Der Hokuspokus mit den Meerkatzen und Hexen, dieser „Wust von Raserei“ (2339), versetzt sowohl den Zuschauer als auch Faust in ein Gefühl der Hilflosigkeit und Desorientierung. Während der ganzen Szene versteht der Gelehrte nichts von dem Geschehen. Auf dem Höhepunkt des Treibens bekennt er, er werde „schier verrückt“ (2456), worauf Mephisto selbst eingesteht, dass ihm „fast selbst der Kopf zu schwanken“ (2457) beginnt. Das Durcheinander der „Hexenküche“ weist voraus auf die „Walpurgisnacht“, zu der sich Mephisto explizit mit den Hexen verabredet (vgl. 2590).

Diskontinuität und betäubendes Durcheinander

Zwei Handlungsstränge verlaufen gleichzeitig: einerseits die Verjüngung Fausts und sein Erblicken Helenas im Zauberspiegel und die politische Allegorie auf die Französische Revolution. Im Vordergrund steht die von Mephisto bestimmte Handlung mit ihrem politischen Gehalt, während Faust weitgehend im Hintergrund bleibt. Für die Gesamthandlung bleibt sein Handlungsstrang trotz seiner Passivität ohne Zweifel aber weitaus bedeutsamer.

Zwei Handlungsstränge: Politische Allegorie und Fausts Verjüngung

Die Hexenküche ist bevölkert von Hexen und Meerkatzen, einer Affenart, die hier deutlich menschliche Züge aufweist. Mephisto gibt sich als biederer Hausvater aus. Die Tiere werden als „Magd“ und „Knecht“ (2379) vorgestellt, bevor er fragt, ob die „Frau“ (2380) zu Hause sei. Die Meerkatzen streben nach materiellem Besitz, der verbunden ist mit menschlichem Verstand (vgl. 2398 f.).

Meerkatzen sind vermenschlicht

Der Hinweis auf „Bettelsuppen“ (2392), die weit verbreitet seien, leitet die gesellschaftspolitische Dimension der Szene ein. Wie „Auerbachs Keller in Leipzig“ ist sie 1788 verfasst worden und spiegelt die vorrevolutionäre Situation in Frankreich wider. Die Meerkatzen spielen mit der brüchigen Weltkugel und setzen Mephisto auf einen Sessel, so dass sich dieser wie ein „König auf dem

Beschreibung der vorrevolutionären Zustände in Frankreich

Throne“ (2448) fühlt. Er hat als Herrschaftszeichen anstatt eines Zepters einen Wedel, also etwas, womit man Fliegen vertreibt. Dieses Bild passt zu ihm, hatte er sich doch selbst als Herr der Fliegen (vgl. 1517) bezeichnet. Die Tiere bringen ihm eine Krone, die sie aber durch ungeschicktes Hantieren zerbrechen (vgl. 2450 ff.) Durch ihr Spiel, Mephisto als Monarchen zu verehren, vernachlässigen sie den Kessel, der überläuft und Flammen schlägt. Nur durch ein machtvolles, gewaltsames Auftreten, das durch das Schlagen der Töpfe symbolisiert wird (vgl. 2473 ff.), kann Mephisto seine Herrschaft wieder etablieren.

Die Metaphorik dürfte für die Zeitgenossen eindeutig gewesen sein. Die schwache französische Monarchie war auf sich selbst bezogen, verschwenderisch und ohne Blick für die Nöte des Volkes. Die Armut („Bettelsuppen“) führte dazu, dass der Kessel des Volkszorns irgendwann außer Kontrolle geriet und schließlich in eine revolutionäre Bewegung (Feuersymbolik) mündete. Für Goethe ist diese Entwicklung jedoch von Irrationalität geprägt, wie der Kontext belegt. Mephistos Verhalten zeigt, wie die Monarchie nach Goethes Auffassung hätte gerettet werden können, nämlich durch konsequentes Auftreten.
Faust steht bei diesem Handlungsstrang abseits. Ihm widerstrebt es generell, sich auf die Hexenkunst einzulassen. Doch der lange Weg, sich durch harte Feldarbeit und Selbstkasteiung zu verjüngen (vgl. 2352 ff.), lässt sich nicht mit seiner Ungeduld vereinbaren. Während sich die politische Allegorie entwickelt, ist er von einem Zauberspiegel angezogen, in dem er den „hingestreckten“ (2438) Körper einer Frau erblickt. Es ist Helena, das Schönheitsideal der Antike. Damit – also noch vor dem Verjüngungs- und Zaubertrank – ist die Sinnlichkeit in Faust entfesselt. Der Trank potenziert lediglich die Wirkung, wie Mephisto beschreibt:

Helena im Zauberspiegel

> Du sollst das Muster aller Frauen
> Nun bald leibhaftig vor dir sehn.
> *(Leise.)* Du siehst, mit diesem Trank im Leibe,
> Bald Helenen in jedem Weibe. (2601–2604)

Damit ist der Übergang zur Gretchentragödie bzw. für die Handlung insgesamt geschaffen. Welcher Frau Faust auch begegnen wird, sie wird immer als Helena scheinen. Sie ist das eigentliche Ziel. Dass schon in der nächsten Szene Gretchen an ihre Stelle tritt, macht sie zum „Zu-Fall, Zwischen-Fall, der Episode bleiben" (Weber, S. 70) muss. Fausts Begierde ist ins Übermenschliche gesteigert. Eine Helena wäre dem vielleicht gewachsen gewesen, nicht aber die kindliche Margarete, die nicht mehr als ein Kompromiss, eine „Proto-Helena" (Gaier, 2008, S. 125) sein kann, die ihm nicht zu geben vermag, was er eigentlich sucht.

Gretchen als „Zu-Fall" und „Episode"

Fausts Verjüngung macht seine Rolle als junger Liebhaber in der folgenden Gretchenhandlung überzeugender. Dies ist die eigentliche Funktion der „Hexenküche". Innerlich erscheint er jedoch kaum verwandelt.

Funktion der Szene

Beiden Szenen des Übergangs gemeinsam ist die Anspielung auf die zeitgenössischen vorrevolutionären Verhältnisse in Frankreich. Goethe spielt mit einer konsequent ausgestalteten Tiermetaphorik, um den Irrsinn dieser Zeit aufzuzeigen. Er erweist sich als konservativer Revolutionsgegner.

Gemeinsamkeiten von „Auerbachs Keller" und der „Hexenküche"

Die Gretchentragödie

Überblick und Strukturskizze

Drei Phasen der Gretchenhandlung

Die kunstvoll strukturierte Gretchenhandlung lässt sich in drei Phasen unterteilen.
Den ersten Teil bildet Gretchens Verführung, der mit der ersten Begegnung auf der „Straße" beginnt und dem Liebesgeständnis bzw. ersten Kuss im „Gartenhäuschen" endet.
Der mittlere Handlungsteil ist geprägt von Gretchens drohender gesellschaftlicher Ächtung nach der Liebesnacht. Dem äußeren Druck entsprechend wächst auch ihre innere Seelennot. Beides wird in der zusammengehörenden Szenensequenz „Am Brunnen", „Zwinger", „Nacht" und „Dom" gezeigt.
Die letzten Szenen „Trüber Tag. Feld", „Nacht. Offen Feld" und „Kerker" stellen die Katastrophe der alleingelassenen Frau dar.

Erste Binnenzäsur: „Wald und Höhle" als Peripetie

Zwischen diese Handlungspartien, die schon im „Urfaust" weitgehend vorhanden waren, hat Goethe später zwei große Szenen eingeschoben, die deutliche Binnenzäsuren bilden. Die erste dieser beiden Szenen, „Wald und Höhle", entfaltet die zentrale Selbstreflexion Fausts. Zwischen aufrichtiger Liebe und dem sexuellen Erlebniswunsch schwankend entscheidet er sich für die Erfüllung sinnlicher Bedürfnisse. Dies ist die Peripetie der Gretchenhandlung, der Wendepunkt, von dem an der Untergang Gretchens unvermeidbar ist.
„Wald und Höhle" bildet zusammen mit der komplementären Szene „Gretchens Stube", die Gretchens Gedanken schildert, die Mitte. Beide Szenen haben damit die Funktion des Innehaltens und der Selbstbesinnung. Bis hierhin steigt die Linie der äußeren Handlung wie des inneren Erlebens stetig an.

Strukturskizze der Gretchentragödie

Dass die beiden Gartenszenen vor und nach diesen zäsurbildenden Zentralszenen stehen, betont ihre strukturelle und symbolische Funktion. Der Garten steht in der christlichen Tradition für das Paradies und gleichzeitig für den Ort des Sündenfalls. In der zweiten Gartenszene („Marthens Garten") verabreden sich Faust und Gretchen zur Liebesnacht. Von da an fällt die Handlungslinie steil ab. Der gesellschaftliche Terror, repräsentiert durch bürgerliche und kirchliche Sanktionsmaßnahmen, nimmt seinen verhängnisvollen Lauf.

Zweite Binnenzäsur: „Walpurgisnacht"

Die zweite Zäsur, die Goethe zwischen die gesellschaftliche Ächtung und die drohende Hinrichtung gesetzt hat, ist die „Walpurgisnacht". Dieser Einschub ist fast so umfangreich wie die vorangegangenen Szenen und die drei folgenden Schlussszenen zusammen. Dies allein deutet schon auf seine strukturelle Bedeutung hin. Die „Walpurgisnacht" teilt das fallende dramatische Geschehen in zwei Teile.

> „Zwischen ihnen liegen die Geburt und Tötung des Kindes, der Prozeß und die Verurteilung zum Tode – beinahe die gesamte äußere Handlung. Und all dies wird nicht dargestellt. Die *Walpurgisnacht* verdeckt Gretchens schwerste Stunden. Und dieses Verdecken da, wo der Urfaust einfach ausließ, ergibt einen furchtbaren Sinn. Faust verliert sich gerade zu der Zeit im wüsten Treiben der Sexualorgie, in der er menschlich am meisten gefordert wäre: Was dramaturgisch ein Verdecken ist, ist menschlich ein Verdrängen" (Schmidt, 1999, S. 162).

Weitgehende Aussparung der äußeren Handlung

Insgesamt dramatisiert die Gretchentragödie vor allem das innere Geschehen. Mit Ausnahme der dramaturgisch zugespitzten Valentin-Szene („Nacht") ist fast alles auf ein Stimmungsbild bzw. die innere Entwicklung angelegt. Lieder, Gebete, Selbstgespräche in der Kammer, im Dom und im Kerker sind Gretchens Ausdrucksformen in diesem Zusammenhang. Dazu kommen Fausts Reflexionen. Die äußere Handlung und die entscheidenden Ereignisse lassen sich meist nur aus den Selbstgesprächen der beiden Protagonisten erschließen.

Gretchens Verführung

KURZINFO

Faust zwischen Sucht nach sexuellem Erlebnis und wahrer Liebe
- Unter dem Einfluss des Trankes aus der „Hexenküche" weckt die zufällige Begegnung mit Gretchen auf der „Straße" Fausts sinnlichen Trieb.
- Mephisto, der ihm das Mädchen gefügig machen soll, hat keinen Einfluss auf das 14-jährige, fromme Gretchen. Sie ist von Anfang an als Gegenfigur zum Teufel konzipiert.
- Am „Abend" entwickelt Faust in Gretchens Kammer Gefühle einer aufrichtigen Liebe. Das Nebeneinander von sinnlichem Trieb und himmlischer Liebe ist der Beginn einer fortdauernden emotionalen Ambivalenz.

Gretchens Traum einer Standeserhöhung
- Gretchen zeigt sich beeindruckt von Fausts Annäherung auf der Straße. Ihr Lied „König von Thule" macht deutlich, wie sie sich intuitiv mit dem Thema Liebe und Treue beschäftigt. Sie träumt von einer Erhöhung ihres sozialen Standes.
- Durch Mephistos Erzählerbericht in der Szene „Spaziergang" erfährt der Zuschauer, dass Gretchen das Schmuckkästchen der Mutter gezeigt hat, die es aber dem Pfarrer gegeben hat.

Straße I

Faust, vom Hexentrank verjüngt und überwältigt vom Frauenbild im Spiegel, geht auf die erste Frau, die er zu Gesicht bekommt, zu, „ja: auf sie los" (Weber, S. 103). Genauer gesagt ist es noch nicht einmal eine erwachsene Frau, sondern ein Teenager, knapp über 14 Jahre alt, die er als Idealbild, als Helena erkennt und anspricht. Die von Mephisto prophezeite Wirkung des Trankes scheint also voll eingetroffen zu sein. Wie unter Drogen, mit einer gewissen „erotischen Aggressivität" (Requadt, S. 219), drängt er sich Gretchen auf. Dies darf man sich durchaus drastisch vorstellen, da die Regieanweisung („Sie macht sich los") deutlich darauf hinweist. Faust fragt also nicht nur, ob er ihr „Arm und Geleit" (2606) anbieten darf, sondern hat es bereits getan.

Fausts erotische Aggressivität

Weltfremde Anrede als adliges Fräulein

Sein Verhalten ist ungehobelt und weltfremd. Er spricht Gretchen mit „mein schönes Fräulein" (2605) an, obwohl er durch die Kleidung hätte erkennen müssen, dass es sich um ein bürgerliches Mädchen handelt. Die Anrede ‚Fräulein' war adligen Frauen vorbehalten, passend für Gretchen wäre ‚Dirne' (in der damaligen Bedeutung für ‚Mädchen') gewesen.

Gretchen zeigt sich „kurz angebunden“ (2617) und weist den Unbekannten „schnippisch“ (2612) zurück. Faust ist entzückt von ihrer Tugend und Sittsamkeit, von ihrer Schönheit und Schlagfertigkeit. Doch es ist nur die Projektion, für die er sich begeistert, Person und Reputation interessieren ihn nicht.

Radikaler Gefühlsumschwung bei Mephistos Auftreten

Mit Mephistos Auftreten erfolgt der Umschwung. Fausts „Entzücken“ (2618) verwandelt sich schlagartig in sexuelle Begierde. Lapidar befiehlt er, Mephisto müsse ihm „die Dirne schaffen“ (2619). Dieser ist überrascht:

> Da die? Sie kam von ihrem Pfaffen,
> Der sprach sie aller Sünden frei;
> Ich schlich mich hart am Stuhl vorbei,
> Es ist ein gar unschuldig Ding,
> Das eben für nichts zur Beichte ging;
> Über die hab ich keine Gewalt! (2621–2626)

Indirekte Charakterisierung Gretchens: unschuldig, ritualisierte Frömmigkeit

Diese Verse dienen zur weiteren Charakterisierung Gretchens, die als unschuldig beschrieben wird. Ihre Frömmigkeit ist ritualisiert. Auch wenn sie keine Sünden begangen hat, geht sie zur Beichte.

Scheinheilig spielt sich Mephisto als Moralapostel auf, der Fausts Trieb tadelt (vgl. 2627 ff.). Der junge Liebhaber droht ihm jedoch, dass sie geschiedene Leute seien, wenn nicht „das süße junge Blut / Heut Nacht in meinen Armen ruht“ (2636 f.). Erneut zeigt sich, dass Geduld noch nie zu Fausts Stärken gehörte. Mephisto ist allerdings so leicht nicht zu erpressen und verweist darauf, dass „mit Sturm“ (2657) in dieser Angelegenheit nichts zu erreichen sei. Er sinnt auf eine List und bietet Faust an, zwar nicht sie, aber wenigstens ihre Kammer zu sehen. Der ungeduldige Wissenschaftler gibt sich damit zufrieden und akzeptiert sogar, dass es „noch zu früh“ (2672) sei, um dorthin zu gehen. Mephisto spielt also auf Zeit, er verfolgt eine Strategie des Aufschubs, die Fausts Begierde nur noch größer machen soll.

Mephistos Strategie: Aufschub soll Begierde steigern

Abend

Der Schauplatz wechselt zu Gretchens Zimmer, das durch die Regieanweisung als klein und reinlich beschrieben wird. Ein lederner Sessel, ein Bettvorhang und ein Schrein, die im weiteren Verlauf der Szene genannt werden, zeugen trotz aller Kleinbürgerlichkeit von einem bescheidenen Wohlstand.

Kammer zeugt von bescheidenem Wohlstand

Trotz der dreisten Art und Weise, mit der sich Faust ihr genähert hatte, muss Gretchen sich eingestehen, dass sie der unbekannte Mann tief beeindruckt hat.

> Ich gäb was drum, wenn ich nur wüsst
> Wer heut der Herr gewesen ist!
> Er sah gewiss recht wacker aus,
> Und ist aus einem edlen Haus;
> Das konnt ich ihm an der Stirne lesen –
> Er wär auch sonst nicht so keck gewesen. (2678–2683)

Mit Fausts fälschlicher Anrede als „Fräulein" in der vorangegangenen Szene hat er eine „soziale Magie von Reichtum und Zugehörigkeit zur höheren Gesellschaft" (Sudau, S. 105) in Gang gesetzt, die bei Gretchen verfängt. Dass der ziemlich zudringliche Herr aus einem „edlen Haus" zu sein scheint, macht einen großen Teil der Faszination für Gretchen aus. Es ist in der Tat ein sozialerotischer Reiz, der Gretchen verwirrt, wie der weitere Verlauf der Szene bestätigen wird. Sie tritt ab und macht Platz für Faust.

Sozialerotische Faszination für den edlen Herrn

Allein in ihrer Kammer entwickelt Faust unbekannte Gefühle. Er bewundert die „Ordnung", die „Zufriedenheit" (2692), die „Fülle" (2693) trotz der bestehenden materiellen Begrenztheit. Er beschreibt den Raum als „Heiligtum" (2688). Analog zur Enge seines Studierzimmers bezeichnet er Gretchens Kammer ebenfalls als „Kerker", doch empfindet er darin trotzdem „Seligkeit" (2694). Die „Hütte" wird durch Gretchen entgrenzt und wird zum „Himmelreich" (2708). In geschliffenen Madrigalversen formuliert Faust für ihn neue Gefühle der Liebe.

Liebe und Seligkeit in Gretchens „Kerker"

> Wie innig fühl ich mich gerührt!
> Was willst du hier? Was wird das Herz dir schwer?
> Armsel'ger Faust! ich kenne dich nicht mehr. (2718–2720)

Doch mit Mephistos Erscheinen erfolgt derselbe Umschwung wie in der vorangegangenen Szene. Gerade als er in fester Absicht, nimmermehr wiederzukehren, fort will, erscheint der Teufel mit einem Goldkästchen. Der Gelehrte ist verunsichert. „Ich weiß nicht soll ich?" (2738), befragt er sein Gewissen, worauf Mephisto auf seine Lüsternheit anspielt und damit obsiegt. Als Folge davon wird das Kästchen als Unterpfand der Verführung in Gretchens „Schrein“ (Regieanweisung nach 2477) gelegt.

Gretchens Intuition

Als Gretchen wiederkommt, spürt sie intuitiv, dass der Ort – durch das Kästchen – verunreinigt ist. Sie macht sofort das Fenster auf, da es „so schwül, so dumpfig“ (2753) im Zimmer ist. In ihrer Verunsicherung wünscht sie sich noch die Mutter herbei. Sie kann die Situation nicht durch eigene Worte reflektieren, so dass sie anfängt, das Volkslied vom „König von Thule“ (2759–2782) zu singen. Ähnlich wie Desdemona in Shakespeares Drama „Othello“ entkleidet sie sich dabei. Sie enthüllt sinnbildlich ihr Innerstes, wenn sie gleichzeitig von der Liebe und Treue singt. Es ist bezeichnenderweise die treue Liebe des Königs zu seiner „Buhle“ (2761), also Geliebten, nicht zu seiner Ehefrau, die in dem Lied thematisiert wird. Weit über den Tod der Geliebten hinaus bis zu seinem Lebensende hält der König an ihr fest, was durch den Becher, den er behält, symbolisiert wird. Damit verrät Gretchen ihre geheimsten Gedanken. Sie malt sich bereits die dauerhafte Beziehung zu dem unbekannten Mann aus. Am Ende des Liedes stürzt der Becher tief ins Meer und versinkt. Dies ist als Vorausdeutung auf Gretchens späteres Schicksal zu verstehen. Was damit anklingt, ist die Bereitschaft zu Liebe und Tod.

„König von Thule“: Ballade enthüllt Gretchens Innerstes

Sowohl das Volkslied als auch das durchgehende Metrum des altdeutschen Knittelverses kennzeichneten bis hierher Gretchens Einfachheit und Natürlichkeit. Mit dem Öffnen des „Schreins“ ist es damit jedoch vorbei. Nachdem sie das Schmuckkästchen entdeckt hat, verändert sich infolge der wachsenden Verwirrung auch der Ton ihrer Verse. Sie spricht nun ebenfalls in Madrigalversen und nähert sich so in ihrer Sprechweise Faust an. Ihre innere Erregung wird darüber hinaus durch ein Enjambement (vgl. 2792 f.) angedeutet. Es handelt sich um das erste, das Gretchen überhaupt spricht:

Sprache verrät Entfremdung von sich selbst

> Was ist das? Gott im Himmel! Schau,
> So was hab ich mein' Tage nicht gesehn!
> Ein Schmuck! Mit dem könnt eine Edelfrau
> Am höchsten Feiertage gehn. (2790–2793)

Der Wechsel des Sprachduktus zeugt von einer inneren Entfremdung. Unweigerlich entfaltet sich der magische Reiz der Standeserhöhung. Eingestimmt vom goldenen Becher der Ballade, verfällt sie dem Dämon Gold.

Gretchen verfällt dem Gold

Nach Golde drängt,
Am Golde hängt
Doch alles. Ach wir Armen! (2802–2804)

Spaziergang

Bei einem Spaziergang von Faust und Mephisto erfährt der Zuschauer, dass die Strategie der materiellen Verführung noch nicht sofort von Erfolg gekrönt ist. In einem Erzählerbericht beschreibt der Teufel, wie die Mutter den Schmuck zu Gesicht bekommen habe. Die fromme Frau habe gleich gemerkt, dass damit „nicht viel Segen“ (2822) verbunden sein konnte, so dass sie es der Mutter Gottes weihen wollte.

Erzählerbericht: Mutter gibt das Kästchen der Kirche

Gretchen selbst ist nicht davon begeistert, dass die Mutter einen Pfaffen kommen lässt, was an ihrer Mimik („zog ein schiefes Maul“, 2827) abzulesen ist. Die Szene sagt Wichtiges über den Entwicklungsstand des jungen Mädchens aus:

Gretchens Entwicklungsstand

„Margarete ist noch unselbständig; ihr Denken ist von der Kirche, ihr Handeln von der Mutter bestimmt, ihre Anständigkeit nicht Leistung, sondern vorläufig Schwäche ihrer Seele“ (Gaier, 2008, S. 150).

Goethe verknüpft die Handlung mit einem satirischen Seitenhieb auf die Kirche. An Reaktionen, wie der des Geistlichen in dieser Szene, entzündete sich die Kirchenkritik des Reformationszeitalters.

Kirchensatire

Die Kirche hat einen guten Magen,
Hat ganze Länder aufgefressen,
Und doch noch nie sich übergessen;
Die Kirch allein, meine lieben Frauen,
Kann ungerechtes Gut verdauen. (2836–2840)

Dass Faust nach einem zweiten Kästchen verlangt, um Gretchen gefügig zu machen, zeigt, dass er seine Skrupel verloren hat. Die Unentschlossenheit, die ihn noch in der Szene „Abend“ gequält hatte, ist der Triebhaftigkeit gewichen.

Der Nachbarin Haus

KURZINFO

Vom ersten Rendezvous bis zum ersten Kuss

- Einem zweiten Kästchen kann Gretchen nicht widerstehen. In „Der Nachbarin Haus" offenbart sie sich deshalb ihrer Nachbarin Marthe. Mephisto arrangiert ein Rendezvous zwischen Faust und Gretchen.
- Faust muss sich in der Szene „Straße II" eingestehen, dass er Gretchen Liebe vorheucheln wird, um an sein Ziel zu gelangen. Sein ganzes Verhalten gegenüber dem Mädchen steht damit unter dem Vorzeichen von Lüge und Betrug.
- Im „Garten" wechseln die Gespräche zwischen Mephisto und Marthe bzw. Faust und Gretchen einander ab. Gretchen deutet ihre Heiratsfähigkeit an. Im ‚Blumenorakel' gesteht sie Faust ihre Liebe.
- In der einzigen Liebesszene des Dramas im „Gartenhäuschen" kommt es zum ersten Kuss.

Marthe als sinnliche Frau, wie geschaffen zur Kupplerin

Das Verhalten der Mutter treibt Gretchen in die Arme der Nachbarin Marthe Schwerdtlein, „ein Weib wie auserlesen / Zum Kuppler- und Zigeunerwesen" (3029f.). Marthe ist von ihrem Mann verlassen worden.

> Er hat an mir nicht wohl getan!
> Geht da stracks in die Welt hinein,
> Und lässt mich auf dem Stroh allein. (2866–2868)

Ihre Selbstcharakterisierung, dass er sie im Bett („auf dem Stroh") allein gelassen hat, weist sie von Beginn an als sinnliche Frau aus. Sie ist der Einsamkeit überdrüssig, kann aber erst wieder heiraten, wenn ihr Mann für tot erklärt wird. Nicht zuletzt deshalb ist ihr an einem „Totenschein" (2872) gelegen.

Als das zweite Kästchen auftaucht, ist Gretchen der Versuchung des noch schöneren Schmucks nicht mehr gewachsen. Hinzu kommt, dass Marthe ihrer Rolle als Kupplerin ohne Umschweife gerecht wird und Gretchen überredet, die Sache der Mutter zu verschweigen. Gretchen weiß, dass sie sich damit weder „auf der Gassen, / Noch in der Kirche" (2883f.) sehen lassen darf. Zeitgenössische Kleiderordnungen erlaubten einer unverheirateten Bürgertochter lediglich einen bescheidenen Schmuck. Die Kleidung symbolisierte den gesellschaftlichen Rang, Übertretungen wurden streng bestraft. Den Traum vom sozialen Aufstieg will Gretchen in der Privatheit ihres Hauses träumen und legt deshalb den

Kleiderordnungen verbieten Bürgertochter prächtigen Schmuck

Schmuck an. Hieran wird deutlich, dass Gretchen kein naives Opfer ist, sondern durchaus aktiv handelt.

In diesem Moment taucht Mephisto auf und erkennt Gretchen aufgrund des äußeren Scheins als adliges „Fräulein" (2906). Er spinnt damit bewusst mit am Aufstiegstraum des kleinbürgerlichen Mädchens. Darüber hinaus fördert er eine weitere Illusion, wenn er ihr andeutet, „Ihr wäret wert, gleich in die Eh' zu treten" (2943).

Mephisto fördert die Illusion der Eheschließung

Sein Hauptanliegen ist es, ein Rendezvous von Faust und Gretchen vorzubereiten. Um Faust in die Gesellschaft der beiden Frauen einzuführen, überbringt er die Botschaft des angeblichen Todes von Marthes verschollenem Ehemann, der von Faust bestätigt werden soll. Mephisto brilliert in dieser humorvollen Szene als Schalk.

Der Schalk überbringt die Botschaft des Todes

> Ich wollt' ich hätt eine frohere Mär!
> Ich hoffe Sie lässt mich's drum nicht büßen:
> Ihr Mann ist tot und lässt Sie grüßen. (2914–2916)

Er erfindet detailreich die Umstände des Todes und stürzt die Witwe in ein teuflisches Wechselbad der Gefühle. Gerade noch betont Mephisto, wie sehr ihr Mann auf dem Totenbette seine Liebe zu seiner Frau beteuerte und um Vergebung bat, bevor er erwähnt, dass sich „[e]in schönes Fräulein" (2981) seiner angenommen habe. Zuletzt stellt er in Aussicht, dass er selbst mit ihr den Ring tauschen würde, eine Hoffnung, die Marthe in der Szene „Garten" wieder aufgreifen wird.

Straße II

All das soll Faust bezeugen, doch in dem Gespräch auf der Straße weigert sich dieser zunächst, falsch Zeugnis abzulegen. Mephisto konfrontiert den Gelehrten jedoch damit, dass es nicht das erste Mal gewesen sei, dass er gelogen habe. Er erinnert ihn an universitäre Definitionen von „Gott, der Welt" (3043), obwohl er erkannte, „dass wir nichts wissen können" (364), wie er in seinem großen Monolog zu Beginn der Szene „Nacht" selbst ausführte.

Faust weigert sich zunächst, den Tod von Marthes Mann zu bezeugen

Mephisto weiß schon, dass er bald Gretchen belügen wird, um an sein Ziel zu gelangen. Auch Faust muss sich

Inszeniertes Selbstgespräch

Eingeständnis Fausts, dass er Liebe vorgaukeln wird

dies eingestehen und fügt sich in Mephistos Pläne. Die Szene trägt den Charakter eines inszenierten Selbstgesprächs, in dem Mephisto als dramatisches Gegenüber fungiert. Es sind im Grunde nur Fausts widerstreitende Gedanken, in denen er darum ringt, inwieweit er Gretchen verführen darf. Sein Eingeständnis, dass er dem Mädchen die Liebe vorgaukeln wird, hat eine wichtige Funktion. Sein Handeln während der ganzen Gretchentragödie steht damit unter dem Vorzeichen von Lüge und Betrug.

Garten

Struktur der Szene: Paare sind kontrapunktisch angelegt

Das von Mephisto arrangierte Rendezvous findet im Garten von Marthes Haus statt. Die falsche Zeugenaussage dürfte schon stattgefunden haben. Gezeigt wird nun ein Wechselspiel, bei dem die Paare Faust und Gretchen bzw. Mephisto und Marthe abwechselnd auftreten. Obwohl es in beiden Gesprächen um die Liebe geht, sind die Paare kontrapunktisch angelegt und stehen in einem komisch wirkenden Gegensatz. Jugend und Alter, aufrichtige Liebe und Sinnlichkeit stehen in jeweils drei Auftritten einander gegenüber.

Marthe und Mephisto

Nach dem angeblichen Tod ihres Mannes greift Marthe die Gelegenheit beim Schopfe und versucht Mephisto für sich zu gewinnen. Sie warnt ihn davor, im Alter allein zu sein, und fragt ihn, ob sein Herz gebunden sei. Schließlich möchte die alte Frau wissen, ob er „niemals Lust bekommen“ (3157) – ein kaum verhüllter Hinweis auf ihren Wunsch nach sinnlicher Zweisamkeit. Mephisto hat seine liebe Not, sich der Annäherungsversuche zu erwehren. Er weicht aus, indem er so tut, als verstehe er Marthe nicht.

Gretchen und Faust: Bildungs- und Standesunterschied

Die Gespräche von Gretchen und Faust sind wesentlich länger und stehen daher im Mittelpunkt der Szene. Ihre Beziehung scheint vor Einsetzen der Handlung schon weit gediehen zu sein. Darauf deutet die Regieanweisung („Margarete an Faustens Arm“) zu Beginn der Szene hin. Im ersten Auftritt (vgl. 3073–3083) thematisiert Gretchen den Bildungs- und Standesunterschied zwischen den beiden. Sie glaubt, dass ihr „arm Gespräch“ (3078) einen so hochgeborenen und erfahrenen Mann

nicht unterhalten könne. Faust weicht zunächst dem Thema aus, indem er ihre Hand küsst. Später, als sie nicht locker lässt, versucht er, sie zu beschwichtigen, indem er „Demut, Niedrigkeit“ (3104) als die höchsten Gaben der Natur bezeichnet und der Einfalt einen „heil’gen Wert“ (3103) beimisst.
Im zweiten Abschnitt (vgl. 3108–3159) deutet Gretchen an, dass sie alle Voraussetzungen erfülle, um zu heiraten. Zunächst stellt sie ihre Qualitäten als Hausfrau dar:

Gretchen deutet ihre Heiratsfähigkeit an

> Ja, unsre Wirtschaft ist nur klein,
> Und doch will sie versehen sein.
> Wir haben keine Magd; muss kochen, fegen, stricken
> Und nähn, und laufen früh und spat;
> Und meine Mutter ist in allen Stücken
> So akkurat! (3109–3114)

Ein weiteres wichtiges Signal für den potenziellen Ehemann Faust ist ihr Hinweis, dass ihr Vater „ein hübsch Vermögen“ (3117) hinterlassen habe. Sie möchte damit ausdrücken, dass sie für ihn eine gute Partie sei.
Nicht zuletzt erzählt sie ausführlich von der Pflege ihrer mittlerweile verstorbenen Schwester, nachdem die Mutter die Geburt kaum überlebt hatte, um ihre eigene Mütterlichkeit zu betonen. Faust kann oder will diese Signale jedoch nicht verstehen.

Qualitäten als Hausfrau und Mutter

> Und so erzog ich’s ganz allein,
> Mit Milch und Wasser; so ward’s mein.
> Auf meinem Arm, in meinem Schoß
> War’s freundlich, zappelte, ward groß. (3132–3135)

Von zentraler Bedeutung ist der dritte Auftritt des Paares (vgl. 3163–3194). Gretchen pflückt eine Sternblume (vermutlich eine Margerite) und zupft die Blätter ab, um durch dieses Blumenorakel zu ergründen, welche Gefühle Faust für sie hegt. Mit kindlicher Freude hält sie beim letzten Blatt fest: „Er liebt mich“ (3183). Mit dem Orakel sagt sie über sich aus, dass sie in Faust verliebt ist. Es ist bemerkenswert, dass sie den aktiveren Part in der Beziehung spielt. Sie ist keineswegs passives Opfer, sondern hat sich bereits gegen die Normen ihrer kleinbürgerlichen Welt entschieden. In diesem Sinn enthält das Blumenspiel bereits Verweise auf die zukünftige Handlung, die in der Katastrophe endet. Auf der einen Seite

Blumenorakel und seine symbolische Bedeutung

Gretchen hat sich für Faust entschieden

symbolisiert es den Verlust der Jungfernschaft. Auf der anderen Seite steht das destruktive Zerzupfen der Margerite für ihren Tod.
Bezeichnenderweise erwidert Faust auf Gretchens Liebesgeständnis keine Ich-Botschaft, sondern gibt nur ein Echo von Gretchens Äußerung.

> Ja, mein Kind! Lass dieses Blumenwort
> Dir Götter-Ausspruch sein. Er liebt dich!
> Verstehst du, was das heißt? Er liebt dich! (3184–3186)

Fausts Liebesschwur bleibt aus – nur ein Echo von Gretchen

Seine Worte verschleiern die Aussage, täuschen Gefühle vor. Statt einer verbindlichen Liebeserklärung, die an ein ‚Ich' gebunden wäre, fasst er ihre Hände. Gretchen muss annehmen, dass er sie liebt, doch der Schwur bleibt aus.

> O schaudre nicht! Lass diesen Blick,
> Lass diesen Händedruck dir sagen,
> Was unaussprechlich ist:
> Sich hinzugeben ganz und eine Wonne
> Zu fühlen, die ewig sein muss!
> Ewig! – Ihr Ende würde Verzweiflung sein.
> Nein, kein Ende! Kein Ende! (3188–3194)

Sein vierfaches Betonen der Ewigkeit und Unendlichkeit seiner Gefühle können nur als betrügerische Strategie verstanden werden. Damit ist eingetreten, was in der Szene „Straße" prognostiziert worden war.

Ein Gartenhäuschen

Im Gartenhäuschen kommt es zum ersten Kuss zwischen den Liebenden. Er geht von Faust aus, doch Goethe macht in der Regieanweisung klar, dass Gretchen nicht widerwillig bedrängt wird, sondern aktiv „ihn fassend und den Kuss zurückgebend" (Regieanweisung zu V. 3206) die Situation gestaltet.

Symbolik des Gartenhäuschens

Zerstörung der Idylle durch Mephisto

Der Ort der kurzen Szene hat durchaus symbolischen Charakter. Man darf sich unter dem „Gartenhäuschen" eher eine Art „Lusttempel" (Gaier, 2008, S. 160) vorstellen. In der Literatur des 18. Jahrhunderts ist das Gartenhäuschen der Ort der gefährdeten Idylle bzw. der bedrohten bürgerlichen Tugend. Es ist von daher kein Zufall, dass Gretchen gerade hier der Verführung erliegt. Ganze zwei Verse lässt Goethe der Intimität freien Lauf, dann wird sie von Mephisto unterbrochen, der zum Aufbruch drängt. Er zerstört die Reinheit des Augenblicks. Faust ist verärgert über die Störung, wie seine Körpersprache („stampfend") verrät. Passend zu dem Trieb, den Mephisto verkörpert, begrüßt er ihn mit den Worten „ein Tier" (3207).

Allein gelassen mischen sich erneute Zweifel unter Gretchens Glücksgefühl. Intuitiv weiß sie, dass Faust und sie keine gemeinsame Basis haben.

Unüberbrückbare Distanz zwischen Faust und Gretchen

> Beschämt nur steh ich vor ihm da,
> Und sag zu allen Sachen ja.
> Bin doch ein arm unwissend Kind,
> Begreife nicht was er an mir find't. (3213–3216)

Hatte sie sich hinsichtlich der Wortwahl und des metrischen Musters Faust in dem Gespräch weitgehend angepasst, zeigen diese besonders biederen Knittelverse auch sprachlich die unüberbrückbare Distanz.

Vereinigung der Liebenden und gesellschaftliche Ächtung Gretchens

KURZINFO

Zwei Selbstreflexionen als Mittelpunkt der Gretchenhandlung

- Zurückgezogen genießt Faust einen Moment des Glücks in der Natur. Die Wette wird aber nicht erfüllt.
- Analog zu vorangegangenen Szenen stachelt Mephisto seinen sinnlichen Trieb wieder an.
- Mit Fausts Entscheidung, Gretchen zu opfern, ist der Untergang des jungen Mädchens vorprogrammiert.
- Kontrapunktisch zu „Wald und Höhle" setzt Goethe Gretchens Selbstreflexion in ihrer Stube.
- Ihr Lied am Spinnrad offenbart ihre aufrichtige Liebe zu Faust, ein Gefühl, dass sie ihrer inneren Ruhe beraubt und sie fast verrückt werden lässt.

Wald und Höhle

War die Verführungshandlung bisher kontinuierlich angestiegen, kommt es in den Szenen „Wald und Höhle" bzw. „Gretchens Stube" zum Innehalten. Faust und Gretchen reflektieren jeweils allein ihre Situation.

Faust tut dies in der Weite der Natur. Angesichts eines Sturmes hat er sich allerdings in den bergenden Schutz einer Höhle zurückgezogen. Die Einkehr in die Höhle

Glücksempfinden im Einklang mit der Natur

Charakter des erhabenen Geistes

symbolisiert Fausts „Einkehr in sich selbst" (Requadt, S. 253 f.). Er ist allein und genießt einen Moment des Glücks. Im absoluten Einklang mit der Natur dankt er dem erhabenen „Geist" (3217) für diese Erfahrung. Es ist umstritten, um wen es sich bei dem angesprochenen Geist handelt. Häufig wird er mit dem Erdgeist der „Nacht"-Szene gleichgesetzt. Überzeugender ist die Auffassung, nach der der Adressat des Monologes das „Ganze, auch das Negative, Zerstörerische, Schuld und Leid" (Gaier, 2008, S. 164) repräsentiert.

Glückserlebnis als Selbstbetrug

Faust ist zu der Glücksempfindung nur fähig, nachdem Gretchen seinen Gefühlspanzer zerstört und den Naturzustand in diesem Menschen berührt hat. Schon glaubt er sich auf dieser Grundlage den Göttern näher zu sein, doch ist sein Empfinden Selbstbetrug. Auf seiner Suche nach dem Ganzen, dem „schmerzlichsten Genuss" (1766), wartet die dunkle Seite noch auf ihre Stunde. Der noch nicht erreichte vollkommene Moment liegt nicht in der kontemplativen Betrachtung des Götterbildes bzw. platonischen Liebe zu Gretchen, sondern schließt die physische Vereinigung und das daraus resultierende Leid mit ein. Faust aber ist vor dem sinnlichen Erlebnis mit Gretchen und den Konsequenzen geflohen. Er muss „eingeteufelt" (3371) werden, um zurückzukehren und das junge Mädchen zu opfern. Genau dies ist Mephistos Funktion in dieser Szene.

Umschwung der Gefühle durch Erinnerung an Mephisto

Wie in den vorangegangenen Auftritten lässt der Umschlag von Fausts Gefühlslage nicht lange auf sich warten. Mephisto braucht zunächst nicht einmal selbst zu erscheinen. Es genügt die Erinnerung an ihn, um Faust von der Euphorie in die Depression fallen zu lassen, als er beginnt, die Selbsttäuschung zu erahnen.

> O dass dem Menschen nichts Vollkommnes wird,
> Empfind ich nun. Du gabst zu dieser Wonne,
> Die mich den Göttern nah und näher bringt,
> Mir den Gefährten, den ich schon nicht mehr
> Entbehren kann, wenn er gleich, kalt und frech,
> Mich vor mir selbst erniedrigt, und zu Nichts,
> Mit einem Worthauch, deine Gaben wandelt. (3240–3246)

Mephistos Nihilismus, in dessen Abhängigkeit Faust geraten ist, macht eine unbeschwerte Erfahrung des Glücks unmöglich. In Bezug auf Gretchen bedeutet dies, dass auch das sinnliche Liebeserlebnis keine Befriedigung geben kann. Schon vor der Liebesnacht ist damit klar, dass Faust im Sinnesrausch des Genusses nach weiteren Objekten der Begierde süchtig sein wird.

Liebesnacht kann keine Erfüllung bringen

> So tauml' ich von Begierde zu Genuss,
> Und im Genuss verschmacht ich nach Begierde. (3249 f.)

Ehe die kritische Selbstreflexion den „Teufelskreis" (Jaeger, S. 46) erkennen und aus ihm herausführen könnte, erscheint Mephisto selbst. Er missversteht Fausts entgrenzendes Naturerlebnis und reduziert das überirdische „Vergnügen" (3282) seinem Menschenbild entsprechend auf den Geschlechtsakt. Wie die „Schlange" (3324) der Versuchung stichelt er gegen Faust und drängt darauf, alle Skrupel fallen zu lassen, um den sexuellen Triebzu befriedigen. Noch wehrt sich Faust und verbietet dem Teufel, „die Begier zu ihrem süßen Leib / [...] wieder vor die halb verrückten Sinnen" (3328 f.) zu bringen. Doch es naht der Moment der Entscheidung. Vor die Wahl zwischen Liebe und Sex gestellt, ringt er sich zu des „Liebchens Kammer" (3343) durch, in der er sich an ihrer „Brust erwarmen" (3346) will.

Mephisto drängt auf Triebbefriedigung

Entscheidung zwischen Liebe und Sex

Faust weiß, was das für Gretchen bedeutet. In einer ausdrucksstarken Naturmetaphorik, die von Gewalt (Wassersturz, wütend, brauste) geprägt ist, sagt er ihren Untergang voraus. Sein Monolog verdrängt die eigene Schuld, lässt ihren Tod als unaufhaltsamen, teuflischen Mechanismus erscheinen.

Verdrängen der eigenen Schuld

> Und ich, der Gottverhasste,
> Hatte nicht genug,
> Dass ich die Felsen fasste
> Und sie zu Trümmern schlug!
> Sie, ihren Frieden musst ich untergraben!
> Du, Hölle, musstest dieses Opfer haben!
> Hilf, Teufel, mir die Zeit der Angst verkürzen!
> Was muss geschehn, mag's gleich geschehn!
> Mag ihr Geschick auf mich zusammenstürzen
> Und sie mit mir zugrunde gehn! (3356–3365)

Er fährt damit fort, sich etwas vorzumachen, indem er die eigene Verantwortung für Gretchens Schicksal leugnet.

Gretchens Stube

Beginnende Isolation

Entfremdung von sich selbst – aus Margarete wird Gretchen

Fausts Reflexionen in der Unendlichkeit der Natur sind Gretchens Begrenztheit und Enge in ihrer Stube gegenübergestellt. Wie auch bei der vorangegangenen Ballade „König von Thule" verbindet sie das Singen in dieser Szene mit einer Tätigkeit. Dass sie das gesellige Spinnen, zu dem man sich bei Licht und Wärme traf, allein ausübt, zeigt ihre beginnende gesellschaftliche Isolation durch die Bekanntschaft mit dem hohen Herrn. Sie hat sich von den engen Sozialnormen der Stadt gelöst und damit auch von sich selbst entfremdet. Ihre neue Identität wird durch einen neuen Regienamen von Goethe angezeigt. Bisher hatte er sie konsequent als Margarete bezeichnet. In den folgenden Szenen bis hin zu der im „Dom", in der ihre gesellschaftliche Außenseiterstellung entwickelt wird, nennt er sie – mit Ausnahme von „Marthens Garten" – durchgehend „Gretchen".

Gretchens aufrichtige Liebe

Während bei Faust die Triebhaftigkeit gesiegt hat, singt Gretchen von aufrichtiger Liebe. Sie kann an nichts und niemanden mehr denken als an ihre Gefühle zu dem verjüngten Gelehrten. Die unregelmäßigen Verslängen unterstützen sprachlich ihre innere Unruhe. Ihre aufrichtigen Gefühle sind jedoch durchaus auch von Sinnlichkeit geprägt. Davon zeugen vor allem die letzten Strophen:

Mein Busen drängt
Sich nach ihm hin.
Ach dürft ich fassen
Und halten ihn!

Und küssen ihn
So wie ich wollt,
An seinen Küssen
Vergehen sollt! (3406–3413)

Textänderung gegenüber „Urfaust": Zurückdrängen der Körperlichkeit

Bemerkenswert ist, dass Goethe gegenüber dem „Urfaust" eine entscheidende Veränderung vorgenommen hat. Dort drängte sich im Vers 3406 noch Gretchens „Schoß" zu Faust, was ohne Zweifel eine deutlichere Konnotation im Hinblick auf eine sexuelle Komponente ihrer Gefühlswelt impliziert hatte. Durch die Zurücknahme der sinnlichen Ebene gelingt Goethe eine stärkere Kontrastierung mit Fausts Triebhaftigkeit.

Gretchens Lied am Spinnrad enthält darüber hinaus

deutliche intertextuelle Verweise auf das biblische „Hohelied der Liebe“. Sinnlichkeit und Religiosität werden auf diese Weise miteinander verbunden, was in der nächsten Szene wieder aufgegriffen wird.

Vorlage: „Hohelied der Liebe"

Marthens Garten

KURZINFO

Die Gretchenfrage „Wie hast du's mit der Religion?"

- Die Gretchenfrage steht in einem erotischen Kontext.
- Faust versucht ihrer Frage auszuweichen. Er behandelt sie wie ein Kind.
- Gretchen drückt ihre intuitive Abneigung gegenüber Mephisto aus, dessen Gegenspielerin sie ist.
- Trotz des unbefriedigenden Religionsgesprächs stimmt sie der Liebesnacht bereitwillig zu. Faust gibt ihr ein bereits vorsorglich mitgebrachtes Schlafmittel für ihre Mutter.

Im Reformationszeitalter war die Konfessionszugehörigkeit von entscheidender Bedeutung. Über die Grenzen des konfessionellen Milieus hinweg wurde in der Regel nicht geheiratet. So steht die berühmte Frage Gretchens nach der Religion Fausts (vgl. 3415) in einem dreifachen erotischen Kontext. Hierbei ist zunächst an die sinnliche Seite der Ehe zu denken. Darüber hinaus erfolgt die Frage aus der erotischen Stimmung von „Gretchens Stube“. Nicht zuletzt mündet die Frage und ihre Erörterung in die Verabredung zur ersten Liebesnacht. Der Garten evoziert als Ort das Paradies, in dem die Versuchung schließlich siegt.

Erotischer Kontext der Frage

Faust hatte in der Szene „Nacht“ bekundet, dass ihm der Glaube fehle (vgl. 765), so dass die Frage für ihn verfänglich ist, soll sie nicht sein anvisiertes Ziel gefährden. Der Gelehrte, der sich enttäuscht vom Studium der Theologie abgewendet hat, kann sich nicht auf die naive Kirchenfrömmigkeit des kleinbürgerlichen Mädchens verpflichten lassen. Er verfolgt deshalb zwei Strategien, um der verbindlichen Festlegung zu entgehen. Zunächst verdeutlichen seine Anreden („mein Kind“, 3418, „liebs Kind“, 3468, „liebe Puppe“, 3476), dass er Gretchen nicht als gleichwertigen Gesprächspartner ansieht. Er behandelt sie wie ein Kind, das man mit Ausflüchten leicht abspeisen kann. Rhetorisch geschickt antwortet er auf ihre Fragen anfangs mit Gegenfragen.

Faust fehlt der Glaube

Verräterische Anreden

Gegenfragen statt Antworten

MARGARETE. Das ist nicht recht, man muss dran glauben!
FAUST. Muss man? (3421 f.)
[…]
MARGARETE. Glaubst du an Gott?
FAUST. Mein Liebchen, wer darf sagen,
Ich glaub an Gott? (3426 f.)

Im weiteren Verlauf entfaltet er mit nebulösen Worten, die Gretchen nicht versteht, ein pantheistisches Glaubensbekenntnis.

Gretchens Intuition

Nenn's Glück! Herz! Liebe! Gott!
Ich habe keinen Namen
Dafür! Gefühl ist alles;
Name ist Schall und Rauch […]. (3454 ff.)

Gretchens Intuition lässt sie in dieser Szene jedoch nicht im Stich. Sie zeigt sich unbeeindruckt von Fausts rhetorischem Feuerwerk und sagt ihm auf den Kopf zu, er habe „kein Christentum" (3468). Mit der gleichen Intuition erkennt sie in Mephisto ihren Gegenspieler. Der Teufel ist ihr „in tiefer innrer Seele verhasst" (3472). Seine Gegenwart schnürt ihr „das Innre zu" (3493). Faust versucht zunächst ihre Beobachtungen abzuwiegeln, gesteht dann aber implizit, ohne dass Gretchen die Bedeutung verstehen kann, dass sie ein „ahnungsvoller Engel" (3494) sei.

Verabredung zur Liebesnacht

Als Gretchen fort muss, fragt Faust klagend, ob es denn nie eine Gelegenheit gebe, dass sie miteinander intim werden könnten. Gretchen scheint dieser Idee nicht abgeneigt zu sein. Es sind also keine inneren Hemmnisse zu überwinden, sondern lediglich äußere.

Ach wenn ich nur alleine schlief'!
Ich ließ' dir gern heut Nacht den Riegel offen;
Doch meine Mutter schläft nicht tief:
Und würden wir von ihr betroffen,
Ich wär gleich auf der Stelle tot! (3505–3509)

Tödlicher Schlaftrunk

Faust hat sich auf diese Eventualität vorbereitet. Er gibt Gretchen ein Schlafmittel, von dem sie drei Tropfen der Mutter geben soll. Diese Tropfen werden die Mutter töten. In der hier verabredeten Liebesnacht werden Faust und Gretchen ein Kind zeugen, das Gretchen später umbringen wird. Insofern unterliegt sie einer katastrophalen Fehleinschätzung, als sie auf Fausts Anliegen mit den Worten entgegnet, sie habe schon so viel für ihn getan, dass „fast nichts mehr übrig bleibt“ (3520).

Am Brunnen

KURZINFO

Gesellschaftliche Ächtung Gretchens

- Die vier Szenen spiegeln im Wechsel Gretchens Binnenperspektive und die gesellschaftliche Außensicht.
- „Am Brunnen" zeigt den Kleinstadttratsch. Die Ächtung Bärbelchens, die unehelich geschwängert worden ist, nimmt Gretchens Schicksal vorweg.
- Gretchens Gebet im „Zwinger" zeigt ihre wachsende Verzweiflung.
- Gretchens Bruder Valentin lauert Faust in „Nacht" auf, um die Familienehre wiederherzustellen. Mephisto hilft Faust, den Widersacher zu erstechen. Im Tod brandmarkt Valentin seine Schwester öffentlich als Prostituierte.
- Im „Dom" plagt Gretchen ihr schlechtes Gewissen. Sie hält dem gesellschaftlichen Druck nicht mehr stand und wird ohnmächtig.

Es bleibt unklar, in welchem zeitlichen Abstand die Szene „Am Brunnen“ auf die verabredete Liebesnacht folgt. Merkwürdigerweise wird der Tod der Mutter mit keiner Silbe erwähnt. Stattdessen geht es um die soziale Kontrolle der unverheirateten Mädchen.

Zunehmende Isolation Gretchens

Gretchen wirkt vollkommen isoliert, was aus ihrer Bemerkung, „ich komm gar wenig unter Leute“ (3545), abzulesen ist. Deshalb ist sie auch vom kleinstädtischen Tratsch abgeschnitten, denn sie hat noch nichts von Bärbelchen gehört, die sich offenbar seit längerem in aller Öffentlichkeit mit einem jungen Mann gezeigt hatte. Durchaus mit Neid hatten die anderen unverheirateten Mädchen registriert,

> Wenn unsereins am Spinnen war,
> Uns nachts die Mutter nicht hinunterließ;
> Stand sie bei ihrem Buhlen süß [...]. (3563 ff.)

Sozialkontrolle durch die Gleichaltrigen

Die Gleichaltrigen nahmen sehr wohl wahr, dass sie „Geschenke“ (3559) entgegennahm. Die dahinter liegende soziale Logik, die eine Gegenleistung erfordert, war klar. Das Stelldichein musste im Verlust des „Blümchen[s]“ (3561), Metapher für die Jungfräulichkeit, enden. Nun ist Bärbelchen schwanger.

Gretchens Mitleid

Gretchen hat Mitleid mit dem „arme[n] Ding“ (3562) und glaubt in ihrer Naivität, dass der junge Liebhaber sie heiraten werde. Lieschen, die die gesellschaftliche Moral repräsentiert, informiert sie jedoch schadenfroh, dass der junge Mann sie habe sitzen lassen. Sie empfindet es als gerecht, wenn Bärbelchen nun „im Sünderhemdchen Kirchbuß tun" (3569) muss. Dem öffentlichen Tratsch, der die junge Frau ausgrenzt und ächtet, folgt die kirchliche Brandmarkung der ledigen Mutter.

Bärbelchen als Spiegelfigur für Gretchen

Bärbelchen nimmt als Spiegelfigur das tragische Schicksal Gretchens vorweg. Die Parallelen der beiden Frauen erschöpfen sich nicht darin, dass beide Frauen verführt werden, dass beide Geschenke annehmen und gesellschaftlich geächtet werden. Metaphorisch verweist Lieschens Neid und Frustration beim Spinnen auf Gretchens Lied am Spinnrad. Nicht zuletzt ist hier die strenge Obhut der Mutter thematisiert, die auch bei Gretchen erst überwunden werden musste.

Wieder allein mit ihren Gedanken, muss Gretchen bekennen, dass sie bisher genauso wie Lieschen über die Verfehlungen der anderen Mädchen gelästert hatte. Nun aber identifiziert sie sich mit der ledigen Mutter, denn sie ahnt intuitiv schon, dass sie deren Schicksal bald teilen wird.

Zwinger

Symbolik des engen Ortes am Rand der Stadt

Goethe zeigt Gretchen in der nächsten Szene im Zwinger, dem engen Gang zwischen den letzten Häusern der Stadt und der Stadtmauer. Der Ort hat Symbolkraft. Es wird eng für Gretchen, da sie weiß, dass sie schwanger ist und der Schande kaum mehr ausweichen kann. Sie steht – wie der Ort am Stadtrand andeutet – bereits am äußersten Rand der Gesellschaft.

Verzweiflung Gretchens

Hier betet sie zu einem Andachtsbild der Mater dolorosa, der schmerzensreichen Mutter Gottes, die Christus am Kreuz beweint. Gretchen trauert nur kurz mit der Mutter Gottes, dann aber lenkt sie den Schmerz auf sich um. Sie scheint die Möglichkeit, dass Faust sie heiraten könnte, nicht in Betracht zu ziehen. Stattdessen bittet sie in ihrer Einsamkeit darum, dass die Mutter Gottes ihr helfe und sie vor „Schmach und Tod" (3616) bewahre. Man spürt ihre Verzweiflung angesichts der ausweglosen Lage. Der häufige Wechsel der Strophenformen, Versmaße und Reimstellungen unterstützt in sprachlicher Hinsicht die innere Unruhe Gretchens.

Nacht

Die Szene beginnt mit einem Monolog von Gretchens Bruder Valentin, der Soldat ist. Goethe hatte in der Szene „Vor dem Tor" gezeigt, wie man sich Alltag und Weltbild dieser Gruppe vorzustellen hat. Dort sangen sie „Mädchen und Burgen / Müssen sich geben" (897 f.), während sie davonziehen, gefallene Festungen wie ‚gefallene' Mädchen zurücklassend.

Soldatenleben: Rückbezug auf die Szene „Vor dem Tor"

Valentin hatte sich vor seinen Kumpanen bisher mit der Standhaftigkeit seiner Schwester gebrüstet. Nun aber droht er zum Gespött zu werden, so dass er den Verführer des tugendhaften Mädchens umbringen will („[s]oll nicht lebendig von der Stelle", 3649). Dem Ehrenmann geht es nur um seine gesellschaftliche Stellung, die sich bisher durch die zur Schau gestellte Schwester aufbessern ließ. Über ihr menschliches Schicksal verliert er kein Wort. „Als Menschen gibt es sie für ihn nicht, sowenig wie das Kind, das sie erwartet" (Schmidt, 1999, S. 182). Seine altdeutschen Knittelverse und der tumbe Satzbau entlarven ihn schon sprachlich als biederen Hausvater-Ersatz, dem die Sympathien der Zuschauer verwehrt werden.

Valentin als Biedermann

Sein Verhalten ist äußerst fragwürdig. Er stellt den herbeikommenden Faust nicht zur Rede, sondern attackiert ihn aus der Dunkelheit, in der er lauert. Als Soldat ist er im Umgang mit Waffen geübt und seinem Gegner überlegen. Er hat vermutlich einen Säbel dabei, denn nur dieser ermöglicht das erwünschte „Schädelspalten" (3703). Faust hingegen dürfte nur einen kleinen Zierdegen als Bestandteil des Kavaliershabitus dabei haben. Unter normalen Umständen würde das Drama an dieser Stelle ein abruptes Ende finden, wenn nicht der Teufel das Duell ausfechten würde.

Fragwürdigkeit seines Verhaltens

Faust zögert, den wehrlosen Widersacher zu töten, nachdem ihn Mephisto kampfunfähig gemacht hat. Erst auf dessen Zuruf stößt der Gelehrte zu. In dieser Perspektive ist der Tod Valentins nicht die Folge eines ehrlichen Zweikampfes, sondern ein gemeiner Mord.

Dramatische Funktion der Szene

Die dramatische Funktion der Szene ist vielschichtig. Zum einen verstrickt Mephisto Faust damit immer mehr in Schuld. Darüber hinaus wird seine Flucht motiviert, die ihn zur Walpurgisnacht führen wird.

Ferner bewirkt der Ausgang des Duells eine Steigerung

der Schicksalsverstrickung Gretchens. Sie fühlt sich damit nicht nur schuldig für den Tod der Mutter, sondern auch für den des Bruders. Beide ereignen sich als Konsequenzen der Verführung.

Die hauptsächliche Funktion der Valentinsfigur dürfte jedoch in der öffentlichen Stigmatisierung Gretchens als „Hur'" (3730) liegen. In einem langen Sterbemonolog, zu dem er die Nachbarschaft herbeiruft (vgl. 3725), deutet er zunächst auf den möglichen Kindsmord hin, um dann auszumalen, wie seine Schwester enden dürfte:

Verweis auf Kindsmord

> Wenn erst die Schande wird geboren,
> Wird sie heimlich zur Welt gebracht,
> Und man zieht den Schleier der Nacht
> Ihr über Kopf und Ohren;
> Ja, man möchte sie gern ermorden.
> [...]
> Ich seh wahrhaftig schon die Zeit,
> Dass alle brave Bürgersleut,
> Wie von einer angesteckten Leichen,
> Von dir, du Metze! seitab weichen. (3740–3753)

Valentins Vorausdeutungen entbinden Goethe von der dramatischen Inszenierung. Sie zeigen gleichzeitig die bürgerlichen Moralvorstellungen, deren Sprachrohr Valentin ist, und die gesellschaftlichen Folgen für die ledige Mutter. Sie darf „in der Kirche nicht mehr am Altar stehn" (3757), ist vom geselligen Tanz ausgeschlossen und kann sich nur noch unter die anderen Ausgegrenzten – „Bettler und Krüppel" (3761) – mischen. Es mag kaum überraschen, dass Gretchen dem Horrorszenario ihrer zukünftigen gesellschaftlichen Isolation nicht gewachsen ist.

Gretchen ist dem Horrorszenario ihrer zukünftigen gesellschaftlichen Isolation nicht gewachsen

Lediglich Marthe widerspricht dieser öffentlichen Hinrichtung Gretchens. Sie dürfte damit selbst der Ausgrenzung anheimfallen. Die repressive Moral ist von der Gemeinschaft verinnerlicht und wird bedingungslos unterstützt. Valentin verspricht sich für die herzlose Stigmatisierung seiner Schwester sogar selbstgerecht auch noch die Vergebung seiner „Sünden" (3768).

Bewertungen der öffentlichen Hinrichtung

Binnenperspektive Gretchens: räumliche Enge

Dom

Im erneuten Wechsel zur Binnenperspektive Gretchens zeigt Goethe die verzweifelte Schwangere im Dom bei einer Totenmesse, möglicherweise das Totenamt für ihre Mutter und Valentin. Sie befindet sich unter einer großen Menschenmenge, d. h. in einer physischen Enge, die aber auch psychologisch zu deuten ist.

Mit dem zunehmenden äußeren kirchlich-gesellschaftlichen Druck wächst auch ihre innere Verzweiflung. Ihre freien, ungereimten Verse sind Spiegel einer Seele in äußerster Not. Ausdruck ihres schlechten Gewissens, das Produkt ihrer Angst, ist der böse Geist, der sie an kindliche Unschuld und ihre Sünden erinnert. Die Gedanken an ihre „Missetat", die Mutter durch die falsche Dosierung des Schlafmittels umgebracht zu haben, und das uneheliche Kind im Leibe machen es ihr unmöglich, sich auf die Messe zu konzentrieren. Der Zuschauer hört nur das, was Gretchen wahrnimmt. Es ist ein äußerst selektiver Prozess, denn die Verzweifelte hört nur die trostlosen Partien der mittelalterlichen Totensequenz von Thomas von Celano. So nimmt sie auf, dass keine Sünde ungestraft bleiben wird („[n]il inultum remanebit", 3815). Zentralen Stellenwert in ihrer fragmentarischen Wahrnehmung ist der zweimal wiederholte Satz

Böser Geist als Gretchens schlechtes Gewissen

Gretchen nimmt nur noch fragmentarisch wahr

> Quid sum miser tunc dicturus?
> (= Was werde ich Elender dann sagen?) (3825, 3833).

Der böse Geist kommentiert diese Verse und bringt ihr noch einmal die Folgen ihrer Sündhaftigkeit ins Gedächtnis. „Sünd und Schande" (3821) blieben nicht verborgen, sondern führten zur Ausgrenzung aus der Gemeinschaft bzw. zur gesellschaftlichen Isolation.

Gretchen ist dieser Kombination von räumlicher Beengtheit und inneren Schuldgefühlen, die ihr die Brust zuschnüren, nicht gewachsen. Sie ringt nach Luft und fällt schließlich in Ohnmacht. Dadurch hört sie nicht mehr die elf folgenden Strophen des mittelalterlichen Originals, in denen der Chor um Gnade und Rettung bittet und die Hoffnung auf Erbarmen erfährt. Diese Strophen thematisieren nicht die Bestrafung bzw. das Gericht (wie die von Gretchen wahrgenommenen), sondern die Gnade Gottes.

Ohnmacht: Hoffnung auf Rettung nicht gehört

Untergang und Rettung

KURZINFO

Strategie der entfesselten Sexualität verfängt bei Faust nicht

- Die orgiastische, entfesselte Sexualität der „Walpurgisnacht" ist der entscheidende Versuch Mephistos, die Wette zu gewinnen.
- Die Trödelhexe verkauft Waren, die auf die Tragödie Gretchens und ihrer Familie verweisen.
- Die Einwürfe des Proktophantasmisten stören den sinnlichen Genuss und lassen Faust Distanz zum Geschehen gewinnen.
- In der Ferne sieht Faust eine Erscheinung, die Gretchen sehr ähnelt. Die toten Augen und der Schnitt am Hals deuten auf ihre Hinrichtung hin.
- Der „Walpurgisnachttraum" ist ein Spiel im Spiel. Die schwer zu verstehende Theatervorführung spielt mit Motiven aus Shakespeares „Sommernachtstraum".

Walpurgisnacht

Ähnlich wie in der Szene „Auerbachs Keller" inspiriert ein Bild Goethes Konzeption der „Walpurgisnacht". Es ist eine Radierung von Michael Herr aus dem Jahre 1620. Bei genauer Betrachtung des Kupferstichs kann man Fausts und Mephistos Weg nachzeichnen. In die Szenerie des 17. Jahrhunderts sind nun aber nicht nur die Protagonisten der Handlung, sondern auch andere Zeitgenossen Goethes mit einbezogen worden.

Länge des Szenenkomplexes verweist auf die zentrale Bedeutung

Die Länge des mehr als 1500 Verse umfassenden Szenenkomplexes ist beträchtlich, was auf seine herausragende Bedeutung hinweist. Es ist der entscheidende Versuch Mephistos, die Wette(n) für sich zu gewinnen.
Wie in der „Hexenküche" bereits verabredet, führt er Faust in der Nacht zum ersten Mai auf den Brocken im Harz, auf dem an diesem Tag das jährliche ausgelassene Treffen der Hexen stattfindet. Es ist ein rauschendes Fest der Sinnlichkeit. Im Taumel der orgiastischen Freizügigkeit, des unverbindlichen Liebeserlebnisses soll Faust nicht nur die persönliche Bindung an Gretchen überwinden, sondern den Moment der vollkommenen Erfüllung finden.

Gegenwelt zum „Prolog im Himmel"

Es ist eine Gegenwelt zum „Prolog im Himmel", eine verkehrte Welt, in der das zerstörerische Elementare dominiert. Die schaurig dämonische Atmosphäre dieser Welt ist geprägt von unheimlichen Nebelschwaden und Funkenflügen, vom chaotischen Durcheinander der Geräusche des Waldes und des Windes. Wurzeln drohen die Wanderer zu fangen, Felsen schneiden Fratzen. Die Natur befindet sich im Fieberzustand. Sie spiegelt damit „den Strudel der Leidenschaften, die anarchische Triebwelt, die im Innern der Menschennatur lauert" (Sudau, S. 88). Dazwischen tobt der Zug der auf Besen und Stöcken reitenden Hexen. Nicht nur Faust, sondern auch der Theaterbesucher dürfte den Eindruck gewinnen, „alles, alles scheint [sich] zu drehen" (3908).

Zu Beginn der Szene wenden sich Faust und Mephisto paradoxerweise an ein Irrlicht, das ihnen den Weg weisen soll. Fausts Erkenntnisdurst ist scheinbar noch nicht gelöscht, so dass er nach oben auf den Gipfel strebt, denn da „muss sich manches Rätsel lösen" (4040). Mephisto appelliert an seine niederen Instinkte, indem er ihn in den Niederungen der Sinnlichkeit buchstäblich festhält, indem er auf junge Hexchen, die „nackt und bloß" (4046) seien, hinweist, mit denen er „Spaß" (4049) haben könne. Faust strebte nach dem Innersten der Welt; angekommen ist er in der gegenchristlichen Welt der Teufelsmesse, in der vom „Mammon und Sexus beherrschten Triebregion" (Keller, S. 316).

Erkenntnisdurst Fausts, doch er lässt sich von sinnlichen Verlockungen ablenken

Nach einem Intermezzo, deren Figuren auf die Französische Revolution anspielen (vgl. 4076–4091) und mit dieser Thematik die „Hexenküche" fortsetzen, wird der Zuschauer erstmalig wieder an Gretchens Schicksal erinnert. Die Trödelhexe verkauft Waren, die ganz eindeutig auf die verlassene Geliebte hinweisen.

Anspielung auf die Französische Revolution

> Kein Dolch ist hier, von dem nicht Blut geflossen,
> Kein Kelch, aus dem sich nicht, in ganz gesunden Leib,
> Verzehrend heißes Gift ergossen,
> Kein Schmuck, der nicht ein liebenswürdig Weib
> Verführt, kein Schwert das nicht den Bund gebrochen,
> Nicht etwa hinterrücks den Gegenmann durchstochen.
> (4104–4109)

Waren der Trödelhexe erinnern an Gretchens Schicksal

Während die Waffen an Fausts Duell mit Valentin erinnern, deuten der Schmuck auf die Verführung Gretchens mit materiellen Mitteln und der Giftkelch auf ihre Schuld am Tod der Mutter hin. Damit Faust diese Assoziationen nicht realisiert, versucht Mephisto ihn durch ein sinnliches Abenteuer abzulenken. Sie begegnen zunächst Lilith, nach jüdischer Bibelinterpretation „Adams

Sinnliche Ablenkung: Lilith, Adams erste Frau

erste Frau“ (4119). Sie ist die Urverführerin, die ins Reich des Satans gewechselt hat. Die paradiesische Verführung wird auch im folgenden Tanz fortgesetzt. Faust vergnügt sich mit einer schönen jungen Hexe, während Mephisto mit einer alten tanzt. Die Tanzpaare parodieren in ihrer Zusammensetzung die Szene „Marthens Garten“, in der Marthe und Mephisto bzw. Faust und Gretchen miteinander gezeigt wurden. Auch die Gesprächsinhalte erinnern an die dortige Anordnung. Im Gegensatz zu dem Gelehrten, der von einem „schönen Traum“ (4128) spricht, spielt Mephisto in kaum verhohlener Derbheit auf einen Geschlechtsakt (vgl. 4136–4143) an.

Tanz erinnert an Paarkonstellation aus „Marthens Garten“

Die Strategie der Versuchung wird durch den Auftritt des Proktophantasmisten gestört. Die komische Einlage ist eine Parodie auf den Aufklärer Friedrich Nicolai (1733–1811), der sich Blutegel an seinen Steiß (vgl. 4174) setzte, um von seinen Geisterphantasien kuriert zu werden. Mit ihm kehrt für einen Moment die Vernunft zurück in die Welt des Trieblebens. Er hält den versammelten Hexen vor, dass man ihnen doch „bewiesen“ (4145) habe, dass es sie gar nicht gebe. Am Ende steht die lächerlich wirkende Aufforderung: „Verschwindet doch! Wir haben ja aufgeklärt!“ (4159).

Proktophantasmist: Parodie auf Friedrich Nicolai

Die Funktion dieser Einlage ist jedoch wesentlich, denn sie verhilft Faust, Distanz zum Geschehen zu gewinnen. Unmittelbar danach sieht er ein – offenbar bisher unbemerktes – „rotes Mäuschen“ (4179) aus dem Munde seiner Gespielin springen. Der Ekel erweist sich als die Körperreaktion, die ihn vor dem endgültigen Versinken in gefühllose Sinnlichkeit bewahrt. Nicht zufällig hat er genau in diesem Moment eine Gretchenvision (vgl. 4183–4188). Mephisto versucht die Erscheinung als irreales „Zauberbild“ (4190) abzutun, doch Faust ist nun gefangen von dem Anblick.

Funktion: Rückkehr der Vernunft hilft Faust, Distanz zu gewinnen

Ekel vor rotem Mäuschen als rettende Körperreaktion

Gretchenvision mit Anspielung auf ihre Hinrichtung

Fürwahr es sind die Augen einer Toten,
Die eine liebende Hand nicht schloss.
Das ist die Brust, die Gretchen mir geboten,
Das ist der süße Leib, den ich genoss.
[...]
Ich kann von diesem Blick nicht scheiden.
Wie sonderbar muss diesen schönen Hals
Ein einzig rotes Schnürchen schmücken,
Nicht breiter als ein Messerrücken! (4195–4205)

Die Anspielungen auf Gretchens Hinrichtung deuten an, was Goethe nicht auf der Bühne zeigt. Im Prozess wegen Kindsmord ist sie zum Tode verurteilt worden. Noch ist das Urteil allerdings nicht vollstreckt, so dass die Vision auf Gretchens tragisches Ende vorausweist.
Mephistos Strategie ist damit erfolglos. Ein letzter Versuch, ihn durch ein dilettantisches Theaterstück zu fassen, ist im Ansatz zum Scheiten verurteilt.

Walpurgisnachttraum

Problematik der Szene

Die ursprünglich für Schillers „Musen-Almanach" 1797 geschriebene Szene passt nach gängiger Forschungsmeinung nicht recht in die Faust-Handlung. Der dargestellte Maskenzug thematisiert zentrale Motive der ganzen Tragödie, radikalisiert aber deren Kompositionsprinzip, indem kaum sinnstiftende Zusammenhänge hergestellt werden. So enthält das „Ragout" (100) Bezüge zur Religionskritik, zeitkritische Anspielungen auf die Französische Revolution und derbe Sexualität.

Folie: Shakespeares „Sommernachtstraum"

Von Bedeutung sind vor allem die Spiegelungen von Faust und Gretchen durch die Liebesbeziehung von Oberon und Titania, die Goethe Shakespeares „Sommernachtstraum" entnommen hat und in der Szene auftreten lässt. Das Ehepaar bei Shakespeare dient als Kontrast für die unverheirateten Liebenden bei Goethe. Oberon spielt auch auf die Trennung von Faust und Gretchen an, wenn er sagt, „[w]enn sich zweie lieben sollen, / Braucht man sie nur zu scheiden" (4245 f.).

Zerplatzen der Illusion

Es ist schwer vorstellbar, dass Faust diesem „dilettantisch-läppischem Gedudel und Gehopse" (Sudau, S. 92) lange beiwohnen kann, regt sich in seinem Inneren doch das schlechte Gewissen. Mit einem Luftzug zerplatzt am Ende des Intermezzos die Illusion. Es wird deutlich, dass wahrlich nichts dahinter steht.

Trüber Tag. Feld

KURZINFO

Fausts verdrängte Schuld und Gretchens Rettung

- In der einzigen Prosaszene der Tragödie „Trüber Tag. Feld" wirft Faust Mephisto vor, ihm Gretchens Verhaftung und den Prozess verheimlicht zu haben.
- Die Vorhaltungen zeugen davon, dass er die eigene Verantwortung, die eigene Schuld am Untergang Gretchens verdrängt. Er will Gretchen befreien, nicht um ihrer selbst willen, sondern um sein Gewissen zu beruhigen.
- „Nacht. Offen Feld" zeigt Faust und Mephisto unterwegs auf Pferden.
- Im „Kerker" ist Gretchen als Folge der Morde an Mutter und Kind wahnsinnig geworden.
- Sie erkennt, dass Faust sie nicht mehr liebt und will deshalb, insbesondere nachdem Mephisto erscheint, nicht aus dem Gefängnis fliehen.
- Gretchen findet auf diese Weise zu sich selbst zurück und wird vom Herrn gerettet.

Kraftstrotzende Prosa des Sturm und Drang

Fausts aufgewühltes Inneres

Erst jetzt wird Faust offenbar klar, was er im Taumel der Sinnlichkeit verdrängt hat. Seine Vorwürfe gegen Mephisto sind in der kraftstrotzenden Prosa des Sturm und Drang geschrieben. Sie gehören im Kernbestand der frühesten Fassung des „Urfaust" an. Während alle anderen Szenen nachträglich versifiziert worden sind, schien der Gegenstand der Szene Goethe zu ungeheuerlich, um ihn in ein sprachliches Korsett von Versen zu zwängen. Auf diese Weise sticht er jedoch stilistisch deutlich heraus. In der freien Rhythmik und den vielen Ausrufen kommt Fausts emotional erregter Zustand zu Beginn der Szene klar zum Ausdruck.

> Im Elend! Verzweifelnd! Erbärmlich auf der Erde lange verirrt und nun gefangen! Als Missetäterin im Kerker zu entsetzlichen Qualen eingesperrt das holde unselige Geschöpf! Bis dahin! dahin! – Verräterischer, nichtswürdiger Geist, und das hast du mir verheimlicht! – [...] Und mich wiegst du indes in abgeschmackten Zerstreuungen, verbirgst mir ihren wachsenden Jammer und lässest sie hülflos verderben!

Zitat aus Kindsmordprozess: „Sie ist die Erste nicht"

Mephisto kommentiert Fausts Anklage mit der lapidaren Aussage: „Sie ist die Erste nicht." Dabei handelt es sich um ein Zitat aus dem Prozess gegen die Kindsmörderin Susanna Margaretha Brandt, den der junge Goethe mit verfolgte. Für den Teufel ist Gretchen also eine unter vielen, eine Nummer ohne eigene Identität.

Faust ist außer sich und verflucht sein Gegenüber als „Hund". Sein wortgewaltiger Wunsch, alles rückgängig machen zu wollen, und die Aufforderung an Mephisto, Gretchen zu retten, kann jedoch nicht verdecken, dass er mit seinen rhetorischen Floskeln nur die eigene Schuld abwälzen will. Dies wird vollends deutlich, als Mephisto ihn fragt, wer es denn gewesen sei, „der sie ins Verderben stürzte?" Faust verstummt und „blickt nur wild umher" – ohne Zweifel ein vielsagendes Schweigen. Er kann und will die eigene Verantwortung, die freie Entscheidung, Gretchen zugrunde zu richten, nicht eingestehen. Es ist dieselbe Position, die er in der Szene „Wald und Höhle" formuliert hat, als er davon sprach, „[d]u, Hölle, musstest dieses Opfer haben!" (3361).

Faust leugnet eigene Schuld und Verantwortlichkeit

Gretchen ist das „holde unselige Geschöpf", ein Neutrum. Verräterischerweise nennt er kein einziges Mal in dieser Szene ihren Namen. Ihr Schicksal ist ihm im Grunde egal. Lediglich sein schlechtes Gewissen will er mit ihrer Befreiung aus dem Gefängnis beruhigen.

Befreiung, um das eigene, schlechte Gewissen zu beruhigen

Nacht. Offen Feld

Die nur aus sechs Versen bestehende Szene zeigt Faust und Mephisto unterwegs auf Pferden, um Gretchen aus dem Gefängnis zu befreien. Dabei kommen sie an einem „Rabenstein" (4399) vorbei. Es handelt sich um eine Richtstätte außerhalb der Stadt, zu der die Raben nach der Hinrichtung hinflogen. Manche Interpreten haben darin den Ort für Gretchens Hinrichtung sehen wollen. Diese Annahme ist aber nicht zutreffend, da Gretchen auf dem Marktplatz der Stadt gerichtet wird (vgl. 4588 ff.).

Rabenstein ist nicht Gretchens Richtstätte

Kerker

Faust hat offenbar Angst vor dem Wiedersehen, so dass er zögert, die Zellentür zu öffnen. Er hört, wie „es" – sprachliches Symbol einer Entpersonalisierung – innen singt.

Goethe hat in dieser Szene dem verratenen Mädchen wieder den Regienamen Margarete gegeben, um anzuzeigen, dass sie wieder zu sich selbst findet. Ihre Veränderung drückt sich auch in einer anderen Sprache aus. Gegenüber den freien Versen der Szenen „Zwinger" und „Dom" findet sie zu einer reimenden Sprache zurück.

Aus Gretchen wird wieder Margarete

Ihre Veränderung lässt sich in drei Stufen beschreiben.

Drei Stufen der Veränderung

Erste Stufe: Funktion des Wahnsinns

Im ersten Teil der Szene (vgl. 4411–4461) scheint sie ganz dem Wahnsinn verfallen zu sein. Die geistige Verwirrung entlastet sie, denn man kann vermuten, dass sie auch das Kind in einem Zustand der geistigen Umnachtung, in äußerster Seelennot getötet hat. Darüber hinaus hat der Wahnsinn eine dramaturgische Funktion, denn er steigert ihren inneren emotionalen Zustand jenseits der Grenzen des Aushaltbaren.

Märchen vom Machandelboom

Sie singt ein Lied mit Motiven aus dem „Machandelboom"-Märchen, dessen Inhalt sie aber auf sich beziehend verändert. Im Märchen hatte die böse Stiefmutter ein Kind zerhackt und es dem Vater zum Essen gegeben. Die Schwester hatte die Knochen aufgesammelt und unter einen Baum gelegt, aus dem der getötete Bruder als Vogel emporgeflogen war. Gretchen macht in ihrer Version des Liedes aus der bösen Stiefmutter als Reflex ihrer eigenen Situation eine „Hur" (4412). Bezeichnenderweise nimmt sie aber die Identität des getöteten Kindes an. Sie hat sich offensichtlich selbst verloren. Dass sie den Vogel bzw. das Kind auffordert, davonzufliegen (vgl. 4420), spiegelt ihr tiefes Verlangen, den Kindsmord ungeschehen zu machen.

Wirrwarr der Gedanken; Gretchen hält Faust für ihren Henker

Ihr Wahnsinn zeigt sich auch in der Tatsache, dass sie Faust nicht erkennt und ihn für ihren „Henker" (4427) hält. In wirren Ausführungen mischen sich Gedanken ihrer bevorstehenden Hinrichtung mit ihrem Hochzeitstag, bevor sie den Wunsch äußert, noch einmal ihr noch lebendes Kind zu stillen. Man habe es ihr nur weggenommen, um sie zu „kränken" (4445).

Zweite Stufe: Klarheit und Enttäuschung

Erst mit der Nennung ihres Namens (vgl. 4460) gelangt sie zur gedanklichen Klarheit. Nun wähnt sie sich schon in Freiheit. Sofort kommen ihr Bilder ihrer ersten Begegnung in „Marthens Garten" in Erinnerung. Sie wirft sich an Fausts Brust und will ihn küssen. Offenbar liebt sie ihn trotz seines Verrats und der tragischen Verwicklungen noch immer. Obwohl Faust sie als „Liebchen" (4498) bezeichnet, bemerkt Gretchen, dass seine Liebe erloschen ist. Sein Körper entlarvt seine Worte als Lügen.

> Oh weh! deine Lippen sind kalt,
> Sind stumm.
> Wo ist dein Lieben
> Geblieben?
> Wer brachte mich drum? (4493–4497)

Abwendung von Faust

Mit dieser bitteren Erkenntnis wendet sie sich von ihm ab. Sein Angebot zur Rettung kontert sie mit dem Verweis, dass sie ihre Mutter „umgebracht" (4507) und ihr Kind „ertränkt" (4508) habe. Auch an seiner Hand klebe Blut. Schließlich weist sie ihn an, wie er die Gräber der Familie ordnen solle. In diesen Momenten der Klarheit blickt sie der Realität vollkommen ins Auge.

Im letzten Teil der Szene (vgl. 4536–4610) vermischen sich die wachen Augenblicke erneut mit Anfällen des Wahnsinns. Auf Fausts Drängen, endlich mitzukommen, malt sie zunächst realistisch aus, was für ein elendiges Dasein es wäre, dauerhaft auf der Flucht zu sein. Dann aber fordert sie Faust auf, das ermordete Kind noch zu retten. Am Ende hat sie sich jedoch zu einer Position der Reinheit durchgerungen. Sie ist nicht mehr das arme ängstliche Gretchen, sondern die „starke, heilige Margarete" (Gaier, 2008, S. 204). Diese emanzipierte Frau lehnt es ab, mit „Gewalt" (4576) fortgeschafft zu werden. Klar erkennt sie die Konsequenzen ihres Handelns und nimmt ihre Schuld an. Die Hinrichtung, die sie sich in einem dramatisierenden Präsens ausmalt, empfindet sie als gerechte Strafe. Sie wird ihr Ende auf dem Schafott vor der versammelten Menge in der Mitte des Marktplatzes (vgl. 4587 ff.) finden.

Dritte Stufe: Annahme der eigenen Schuld

Mephistos Erscheinen an diesem Ort der inneren Reinigung, diesem „heiligen Ort" (4603), bekräftigt nur ihre Entscheidung, sich nicht von Faust befreien zu lassen. Sie übergibt sich dem „Gericht Gottes" (4605) und findet zu einem letzten Gebet. Sie endet nach der Bitte an Gott und die Engel, sie zu bewahren, mit dem berühmten Vers: „Heinrich! Mir graut's vor dir" (4610).

Gretchen übergibt sich dem Gericht Gottes

Abschließend wird die weltumspannende Polarität des „Prologs im Himmel" erneut thematisiert. Mephisto und der Herr ringen im Wettstreit um Gretchens Seele. Der Teufel beschreibt mit den Worten „Sie ist gerichtet" (4611) die innerweltlichen Konsequenzen, die Gretchen

Rettung Gretchens durch den Herrn

nun zu tragen hat. Von oben widerspricht aber die Stimme des Herrn und erklärt sie als „gerettet“ (4611). Gemäß den Behauptungen der Eingangsszene „irrt der Mensch so lang er strebt“ (317), er sei sich aber des „rechten Weges wohl bewusst“ (329). Gretchen hatte in ihrem Streben gesündigt, doch am Ende wieder zu Gott und sich selbst gefunden. Sie ist damit ein Beleg für das Menschenbild des Herrn.

Fausts Irren und Streben geht weiter

Faust ist in seinem Streben noch lange nicht am Ende. Er entflieht ohne ein Wort der Reue mit Mephisto in die große Welt. Er wird noch weitere 6000 Verse im zweiten Teil der Tragödie brauchen, um den rechten Weg zu finden.

Weiterführung der Handlung in „Faust II“

KURZINFO

Fausts Scheitern in der großen Welt und seine Rettung

- Faust reist durch Raum und Zeit. Am Hof des Kaisers lösen Faust und Mephisto die Finanzkrise des Reiches.
- In der Antike heiratet er Helena, der Inbegriff der idealen Schönheit, und zeugt ein Kind mit ihr.
- Faust gewinnt politische Macht. Er geht weiterhin über Leichen, um seine Ziele durchzusetzen. Bei dem Versuch, Land zu gewinnen, erblindet er.
- Als Faust stirbt, glaubt Mephisto, die Wette gewonnen zu haben, doch die Engel tragen ihn zum Himmel empor. Damit wird die Rahmenhandlung des „Prologs im Himmel“ geschlossen.

Hinweise und Vorausdeutungen auf „Faust II“

Ursprünglich hatte Goethe vorgehabt, Faust gleich auf Helena treffen zu lassen, doch der Sachverhalt erwies sich als zu umfangreich, um in ein einziges Drama eingebunden zu werden. Mit der folgenschweren Entscheidung, diesen ins Zentrum des zweiten Teils zu setzen, mussten aber in „Faust I“ bereits zentrale Motive und Entwicklungsstränge angelegt werden, die auf den zweiten Teil vorausdeuten. Dazu zählt neben der Wette vor allem das Helenabild in der „Hexenküche“. Ein weiterer Verweis ist Mephistos Ankündigung im „Studierzimmer“, dass sie zuerst „die kleine, dann die große Welt“ (2052) sehen würden.

Finanzkrise des Kaisers

Mit Beginn der Handlung im zweiten Teil setzt diese große Welt ein. Es ist eine weitläufige Reise durch Zeit und Raum. Im ersten Akt kommen Faust und Mephisto in die kaiserliche Pfalz. Sie finden das Reich in einer finanziellen Krise. Faust verspricht Abhilfe zu schaffen. Mithilfe des Papiergeldes kann die Krise überwunden werden und das Reich eine wirtschaftliche Blüte entfalten.

Wagner schafft den künstlichen Menschen

Der zweite Akt beginnt in Fausts ehemaligem Studierzimmer. Der trockene Schleicher Wagner hat den Homuculus, den neuen Menschen, künstlich erschaffen. Dieser bringt die beiden Reisenden in die Antike, in der sie die klassische Walpurgisnacht erleben.

Begegnung mit Helena; Scheitern Arkadiens

Im dritten Akt bringt Mephisto schließlich Faust mit Helena zusammen. Sie heiraten und schaffen eine Kunstwelt, in die ihr Sohn Euphorion geboren wird. Dieser stürzt jedoch zu Tode, als er die ideale Kunstwelt Arkadiens verlassen und die reale Welt betreten will. Sein Tod bedingt den Tod Helenas. Der arkadische Glückstraum löst sich in Luft auf.

Faust gewinnt politische Macht

Nach dem Scheitern wendet sich Faust im vierten Akt wieder der Politik zu. Durch die Führungsschwäche des Kaisers ist das Reich an den Rand der Anarchie geraten. Durch die Andienung seiner Hilfe gewinnt er politische Macht. Aufgrund von Mephistos Wirken wird der Gegenkaiser geschlagen. Faust wird zum Dank mit Küstenland belehnt, zu dessen Erschließung er es aber dem Meer abringen muss.

Philemon und Baucis werden geopfert

Fausts späte Einsicht

Auf seinem Weg der Landgewinnung im fünften Akt stören ihn Philemon und Baucis, die in einer Idylle leben. Ähnlich wie im Falle Gretchens geht Faust auch hier über Leichen, um seine Ziele zu verwirklichen. Das alte Paar soll zwangsumgesiedelt werden, findet aber bei diesem Versuch den Tod. Faust gelangt zu einer gewissen Einsicht, falsch gehandelt zu haben, und wendet sich von der Magie ab (vgl. 11404). Seine Reue kommt spät, er ist erblindet und dem eigenen Tode nahe. In seinem letzten großen Monolog wird jedoch deutlich, dass er seine Maßlosigkeit, die ihn von Anfang an gekennzeichnet hat, nicht verloren hat. Er plant, Raum für Millionen von Menschen zu schaffen, und glaubt, dadurch ewigen Ruhm zu erringen.

Vorfreude auf den Moment des Glücks

In diesem Zusammenhang fällt auch das Stichwort, das er Mephisto bei der Wette genannt hatte:

> Solch ein Gewimmel möcht ich sehn,
> Auf freiem Grund mit freiem Volke stehn.
> Zum Augenblicke dürft ich sagen:
> Verweile doch, du bist so schön! („Faust II", 11579–11582)

Mephisto glaubt, die Wette gewonnen zu haben

Mephisto glaubt daher, die Wette(n) gewonnen zu haben, doch ist er letztlich der arme betrogene Teufel. Faust erlebt den Moment der Erfüllung nicht. Der Konjunktiv („dürft") macht deutlich, dass es sich um eine Vorfreude auf einen Augenblick in der Zukunft handelt.

Auftritt Gretchens

Wette des „Prologs" entschieden

In der Szene „Grablegung" wird die irdische Binnenhandlung geschlossen. Engel und Teufel streiten um Faust, dessen Seele von den Engeln emporgetragen wird. Im Himmel wartet Gretchen, die sich für den geläuterten Faust eingesetzt hat. Damit ist auch Faust gerettet worden. Knapp 12000 Verse nach dem „Prolog" ist somit die Wette zwischen Himmel und Hölle entschieden.

2 Analyse und Interpretation

Personen

Faust

KURZINFO

„Zwei Seelen wohnen, ach! in meiner Brust"

- Faust lebt in einem Spannungsverhältnis, das ihn zu zerreißen droht.
- Er leidet nicht nur an der Krise der Erkenntnis, sondern auch am Wissenschaftsbetrieb. Er ist kein typischer Wissenschaftler.
- Durch seine Isolation hat er ein Defizit an sozialen Erfahrungen, insbesondere mit Frauen. Er sehnt sich nach derber Liebeslust.
- Es ist auch eine Krise des Sturm-und-Drang-Titanen, der die Grenzen des Menschen nicht aufheben kann. Seine radikale Ich-Bezogenheit lässt ihn das Glück anderer mit Füßen treten.
- Die Dualität seiner Existenz zeigt sich in der Gretchentragödie. Er schwankt zwischen himmlischer Liebe und sinnlicher Triebbefriedigung.
- Faust wettet auf seine fortdauernde Unzufriedenheit. Er erlebt den von Mephisto versprochenen Moment des Glücks nicht.

Der Renaissance-Gelehrte ist nicht nur dramatische Figur der Handlung, sondern auch Repräsentant der Menschheit. Dies geht aus dem „Prolog im Himmel" hervor, in dem der Herr Faust als Demonstrationsobjekt seines Schöpfungsplans (vgl. 299) ins Gespräch bringt. Die folgende Versuchsanordnung der himmlischen Wette erinnert an die Hiob-Figur des Alten Testaments, dessen Geschichte ebenfalls exemplarischen Charakter besitzt. Faust ist sicherlich kein Durchschnittsmensch, sondern eine Ausnahmeerscheinung, im „Sehnen und Wollen, in Verfehlen und Schuld. Doch gerade dadurch, daß er sich an den Grenzen des Menschen bewegt, wird das Wesen des Menschen deutlich" (Sudau, S. 42). Er ist exemplarisch, da sich an ihm sowohl die Möglichkeiten als auch die Grenzen des Menschen zeigen.

Demonstrationsobjekt des göttlichen Schöpfungsplans

Faust steht exemplarisch für die Möglichkeiten und Grenzen des Menschen

Die Zwei-Seelen-Problematik

Faust lebt in einem permanenten Spannungsverhältnis. Wie im „Prolog im Himmel" bereits angedeutet (vgl. 300–307), ist er gefangen in der Polarität von Lebenshunger und dem Wunsch nach göttlicher Existenz.

Spannungsverhältnis von Lebenshunger und göttlicher Existenz droht ihn zu zerreißen

Zwei Seelen wohnen, ach! in meiner Brust,
Die eine will sich von der andern trennen;
Die eine hält, in derber Liebeslust,
Sich an die Welt, mit klammernden Organen;
Die andre hebt gewaltsam sich vom Dust
Zu den Gefilden hoher Ahnen. (1112–1117)

Schon im Hinblick auf beide Triebe für sich genommen erlebt er seine Existenz als defizitär. Doch die Spannung beider Wunschvorstellungen droht ihn zu zerreißen.

Mephisto erkennt nicht die unauflösbare Polarität in Faust

Die Widersprüchlichkeit seiner Lebensideale lässt sich nicht aufheben, eine Problematik, die Mephisto nicht versteht. Er versucht Faust gemäß seinem Menschenbild auf die Sinnlichkeit zu reduzieren, was aber nicht gelingen kann. Die Vereinseitigung muss bald zum Überdruss führen und wird den anderen Trieb nur stärker werden lassen. So fällt es dem Gelehrten leicht, mit dem Teufel auf seine fortdauernde Unzufriedenheit zu wetten. In der Tat kann ihn die platte Geselligkeit der Studenten in „Auerbachs Keller" nicht in Versuchung führen. Aber auch die sinnliche Triebbefriedigung durch die Verführung Gretchens führt nicht zum Moment des vollkommenen Glücks.

Faust muss an sich selber scheitern

In seiner konsequenten Negationshaltung gegenüber der Möglichkeit, doch zufriedengestellt zu werden, ist er schon fast selbst der „Geist, der stets verneint" (1338). Angesichts des dualistischen Spannungsverhältnisses und seiner Maßlosigkeit muss er an sich selber scheitern.

Krise der Erkenntnis

Streben nach dem Urprinzip, d.h. nach göttlicher Erleuchtung

Neben dieser grundsätzlichen Charakterproblematik leidet Faust an der Begrenztheit seines Wissens. Trotz eines enzyklopädischen Wissens, das er sich durch jahrelanges Studium aller Wissenschaften erarbeitet hat, ist er seinem Ziel, zu erkennen, „was die Welt / Im Innersten zusammenhält" (382 f.), nicht nähergekommen. Die Suche nach dem Urprinzip ist metaphysisch ausgerichtet und letztlich ein Streben nach göttlicher Erleuchtung. Dies mag auch seine besondere Enttäuschung gegenüber der Theologie erklären.

Die Krise der Erkenntnis ist auch ein Resultat der wissenschaftlichen Tradition und Methodik. Die trockene Buchgelehrsamkeit des Humanismus, wie sie von Wagner verkörpert wird, hat Faust nicht weitergebracht. Die Spezialisierung in Teildisziplinen steht seinem Streben nach der Einheit des Ganzen im Wege. Er sehnt sich nach unmittelbarer Erfahrung, nach Empirie und weist damit in seinem Denken über das Mittelalter hinaus.

Mittelalterliche Universität behindert Faust

Streng genommen muss man jedoch an den wissenschaftlichen Qualitäten Fausts zweifeln. Ihm fehlen grundlegende Voraussetzungen eines Fachgelehrten, nämlich Ziel, eine konsequent verfolgte Arbeitsmethode und die Tugend der Geduld. Wissenschaftliche Tradition lehnt er ab. Das, was andere zuvor gedacht und verschriftlicht haben, ist für ihn nur „Wissensqualm" (396), der eher vernebelt als klärt. Die einzige wissenschaftliche Tätigkeit, die Goethe zeigt, ist die Bibelübersetzung im „Studierzimmer II". Sie entlarvt jedoch Fausts fragwürdige Arbeitsweise und zeigt sein Scheitern. Ohne seine Version mit Parallelstellen oder Tradition zu überprüfen, verletzt er Grundprinzipien der Philologie. Aus dem Fehlen des Korrektivs folgt die Absolutsetzung des eigenen Ichs, die aber nicht zu einer kritischen, objektivierbaren Distanz zum Gegenstand führt. In zwölf Versen (vgl. 1225–1237) findet sich elfmal der Ich-Bezug (vgl. Weber, S. 204). Fausts Versuche, durch Magie die Grenzen der Erkenntnis zu überwinden, scheitern bzw. führen in die Katastrophe der Gretchenhandlung.

Fragwürdige Qualitäten als Wissenschaftler

Absolutsetzung des eigenen Ichs

Krise des Sturm-und-Drang-Titanen

Die umfassende Existenzkrise speist sich jedoch nicht nur aus der Krise der Erkenntnis, sondern auch aus dem titanischen Wesen Fausts. Er ist – gemäß der Entstehungszeit des „Urfaust" – ein typischer Protagonist der Sturm-und-Drang-Zeit. Ähnlich wie Prometheus begehrt er gegen die dem Menschen gesetzten Grenzen auf. Faust sieht sich als „Ebenbild der Gottheit" (516). Mit dem Teufel verhandelt er auf Augenhöhe, so dass er den Ausgang der Wette offen gestalten kann.

Analogie zu Prometheus:

Streben über das Menschenmögliche hinaus

Da die Grenzen aber doch nicht überschritten werden können, ist auch bei Faust das rastlose Streben mit Me-

Melancholie und Depression

lancholie verbunden. Er zerfließt in Selbstmitleid. Seine mentale Krise stürzt ihn in tiefe Depressionen, die ihn in der Szene „Nacht“ beinahe zum Selbstmord führen.
Nicht zuletzt teilt Faust mit anderen Figuren dieser Epoche seine radikale Ich-Bezogenheit. Das gilt für sein wissenschaftliches Arbeiten wie für den Umgang mit anderen Menschen. Der Titan sieht nur sich selbst. Er geht über Leichen, wie die Gretchentragödie zeigt.

Defizit an Lebenspraxis

Fehlen der Mutter – Grund für Bindungsunfähigkeit?

Fausts Leben ist seit seiner Kindheit der Wissenschaft verschrieben gewesen. Zusammen mit seinem Vater, dessen Leistungen als Arzt er als Scharlatanerie entlarvt (vgl. 1032–1055), ist er bereits als Kind als medizinischer Helfer in der Not aufgetreten. Seine Mutter wird in den zwölftausend Versen der Faust-Handlung nicht mit einer Silbe erwähnt. Möglicherweise erklärt ihr Fehlen seine emotionale Kälte und seine Bindungsunfähigkeit, die seinen Charakter kennzeichnen.

Verstaubtes Studierzimmer als Lebensraum

Wie Wagner ist er ein Stubenhocker, der nur selten unter Leute kommt. Sein Lebensraum besteht aus dem engen, gotischen Zimmer, das er als „Kerker“ (398) empfindet. Er umgibt sich nicht mit Menschen, sondern Instrumenten, Pergamenten und verstaubten Bücherhaufen. Wagt er sich einmal als „Hochgelahrter“ (984) wie in der Szene „Vor dem Tor“ unters Volk, so ist die Distanz unüberbrückbar.

Studentisches Leben ist Faust fremd

Das studentische Leben, die vom Alkohol zusammengehaltene Geselligkeit und die Derbheit im Umgang sind ihm fremd, wie sein Verhalten in „Auerbachs Keller“ zeigt. Während der ganzen Szene sagt er nur: „Ich hätte Lust nun abzufahren.“ (2296)

Weltfremdes Verhalten gegenüber Gretchen

Diesem generellen Defizit an Lebenspraxis entsprechen auch der Triebstau und der Wunsch nach sinnlicher Erfahrung. Es bleibt zweifelhaft, ob der verkopfte Gelehrte ohne Mephistos Hilfe solche Erfüllung hätte finden können, denn im Umgang mit Frauen wirkt Faust ungelenk und weltfremd. Auf der „Straße“ bedrängt er mit Gretchen körperlich ein ihm unbekanntes Mädchen. Er spricht sie trotz ihrer sozialen Merkmale als Bürgerliche als adliges „Fräulein“ (2607) an. Solch ein merkwürdiges Verhalten hätte ihn bei jeder Frau abblitzen lassen.

Zwischen Liebe und sinnlichem Erlebnis

Unter dem Einfluss des Zaubertrankes aus der „Hexenküche" befindet sich Faust in der Gretchentragödie in einem Zustand der Dauererregung. Mephisto hat ihn zum Opfer seiner Triebbefriedigung gemacht. Er sieht „Helenen in jedem Weibe" (2604), so dass Gretchen nur eine Projektion ist. Er liebt nur dieses Idealbild, interessiert sich aber nicht für Gretchens Individualität. Sie ist einfach die Erstbeste, die ihm über den Weg läuft.

Faust im Zustand der Dauererregung

Doch in Gretchens Kammer entwickeln sich Gefühle einer wahren Liebe, die jedoch mit Mephistos Erscheinen wieder umschlagen. Die Ambivalenz zwischen dem Wunsch nach sexueller Erfahrung und den Liebesgefühlen bleibt bis zur Szene „Wald und Höhle" erhalten. Erst hier entscheidet sich Faust, angestachelt vom Teufel, für die Befriedigung des sinnlichen Triebes. Er weiß, dass das Gretchens Untergang bedeuten wird.

Ambivalenz der Gefühle reicht bis zur Szene „Wald und Höhle"

Der Verlust ihrer Jungfernschaft zieht den Verlust des Interesses an ihr nach sich. Während sie die schwersten Stunden ihres Lebens durchmacht, ergibt er sich der entfesselten, orgiastischen Sexualität der „Walpurgisnacht". Die Gretchenvision dieser Szene und der anschließende Befreiungsversuch zeugen von Fausts schlechtem Gewissen, das er zu beruhigen versucht. Eigene Verantwortung und Schuld wälzt er auf Mephisto ab: „Du, Hölle, musstest dieses Opfer haben!" (3361).

Orgiastische Sexualität der „Walpurgisnacht"

Aber Faust ist nicht nur Opfer mephistophelischer Verführung, er ist auch Täter. Es ist eine Entscheidung seines Willens, dass Mephisto ihm die „Dirne schaffen" (2619) solle. Zweimal lässt er ein Geschenk besorgen, um sie zu verführen. Er selbst lügt sie an, gaukelt ihr Liebe vor, um sein Ziel zu erreichen.

Faust als Täter

Mephisto

KURZINFO

Fausts Alter Ego

- Mephisto brilliert in verschiedenen Rollen. Er ist der Schalk der Universitätssatire, der Meister des Hexenreiches und der Teufel der Gretchenhandlung.
- In seinem Weltbild reduziert er den Menschen auf die sinnliche Triebsphäre. Er versucht, Faust auf diese Ebene hinabzuziehen.
- Seine Macht ist begrenzt. Er ist nicht Gegenspieler des Herrn, sondern Helfer im göttlichen Schöpfungsplan. Er kann die Wetten nicht gewinnen.
- Mephisto ist einerseits dramatische Figur, andererseits die andere Seite Fausts. Er verkörpert das Böse, das Destruktive in Faust.

Herkunft des Namens unklar

Der Name des Mephistopheles gibt der Forschung Rätsel auf, da er nur in der Tradition des Faust-Stoffes für den Teufel steht. Goethe hatte ihn nach einem Heftchen verwendet, das er als Kind gekauft hatte. Bis zuletzt hatte er die Kenntnis der Bedeutung des Namens abgestritten (vgl. Gaier, 2008, S. 21 f.). Es ist jedoch möglich, den Namen eventuell aus dem Hebräischen abzuleiten (*mephir* – Zerstörer; *tophel* – Lügner).

Rollen Mephistos

Extreme Wandlungsfähigkeit der Figur

Mephistos Wandlungsfähigkeit und sprachliche Virtuosität hat seit jeher Theatermacher und Schauspieler mehr in den Bann gezogen als die Figur Fausts, der in seiner Lust und seinem Schmerz stets gleich bleibt. Er ist nicht nur Kontrapunkt zu den lobenden Engeln der himmlischen Rahmenhandlung, sondern auch ein irdischer Tausendsassa. Seine Paraderolle ist die des Schalks, der ironisiert und ins Lächerliche zieht. Er ist es, der den Fächerkanon in der Universitätssatire im Gespräch mit dem Schüler parodiert. Doch auch in der Gretchentragödie tritt er als Narr auf, insbesondere im Zusammenspiel mit Marthe Schwerdtlein. Schon Thomas Mann hat auf seine Sprache hingewiesen, die er als „burschikos-mondän, salopp, aber witzig, kritisch-souverän und abschätzig, mit Fremdwörtern gespickt und schlagend amüsant" (Mann, S. 690) charakterisiert. Mephisto spricht die gelungensten und einprägsamsten Verse:

Paraderolle des Schalks

> Ich wollt' ich hätt eine frohere Mär!
> Ich hoffe Sie lässt mich's drum nicht büßen:
> Ihr Mann ist tot und lässt Sie grüßen. (2914–2916)

Gleichzeitig ist er der intrigante Kuppler, der Faust mit Gretchen zusammenbringt. Er brilliert in dieser Funktion, wenn er immer wieder Fausts Triebwillen anstachelt und sich danach darüber mokiert. So setzt er ihn in der „Hexenküche“ unter die Droge des Trankes, um ihn in der darauf folgenden Szene als „Hans Liederlich“ (2628) zu verspotten. Er verkörpert damit die Doppelmoral der Gesellschaft. Eigene Gefühle besitzt der Teufel keine. In seiner nihilistischen Grundhaltung ist ihm nichts heilig. Sein destruktives Element fordert Opfer. Lakonisch kommentiert er Gretchens Prozess und bevorstehende Hinrichtung mit den Worten „Sie ist die Erste nicht“ („Trüber Tag. Feld“).

Intriganter Kuppler ohne Skrupel

Nicht zuletzt ist er der Herr der dämonischen und sinnlich entfesselten Gegenwelt. Im dramatischen Spiel der „Hexenküche“ wird er allegorisch als König verehrt. Er ist der Meister des Triebhaften. Derbe Anspielungen und obszöne Gestik zeichnen Mephisto daher in der „Hexenküche“ und der „Walpurgisnacht“ aus.

Herr der Gegenwelt

Wie in der Sprache so passt sich Mephisto auch von seiner Kleidung her seinen verschiedenen Rollen an. Faust erscheint er zunächst als „fahrender Scolast“ (1324), bevor er die Gelehrtenrobe anzieht, um Fausts Identität annehmen zu können. Er kann sich so gut verkleiden, dass auch die Hexe ihn in ihrer Küche nicht erkennt.

Verkleidungskünstler

Mephistos Welt- und Menschenbild

Mephisto bezeichnet sich selbst als „Geist der stets verneint“ (1338). Im Zusammenhang dieser äußerst zutreffenden Charakterisierung negiert sein Weltbild die Lobeshymne der Engel auf die Schöpfung. Er findet es auf der Erde „herzlich schlecht“ (296) und sieht nur, „wie sich die Menschen plagen“ (280).

„Geist der stets verneint“

Ähnlich düster ist sein Menschenbild. Im Gegensatz zum geistigen Prinzip des Herrn leugnet Mephisto, dass sich der Mensch des „rechten Weges wohl bewusst“ (329) sei. Für ihn ist der Mensch nicht vernunftgeleitet, sondern triebgesteuert. Er halte sich in Gottes Schöpfung für etwas Besseres, sei aber letztlich „tierischer als jedes Tier“ (286). Er vertritt damit ein animalisches Bild des Menschen, dessen Streben vergeblich sei, da er ohne Verstand nicht von der Stelle komme.

Mensch ist triebgesteuert und animalisch

Aufgrund dieses Menschenbildes kann Mephisto Fausts Problematik nicht vollständig begreifen. Er meint, ihm durch Verführung in den Niederungen des Genusses den Moment des vollkommenen Glücks verschaffen zu können. Deshalb führt er ihn zunächst in die alkoholisierte gesellige Studentenrunde von „Auerbachs Keller". Dort bestätigt sich das Menschenbild Mephistos. Die tumben Zechkumpanen sind von aggressiver Bestialität gekennzeichnet. Sowohl die verwendete Sprache als auch die Namen sind im wahrsten Sinne des Wortes tierisch.

Studenten in „Auerbachs Keller" bestätigen sein Menschenbild

Auch im weiteren Verlauf versucht Mephisto seinen Wettpartner auf das Animalische, auf die triebhafte Sinnlichkeit zu reduzieren. Immer wieder zieht er den Gelehrten, der zwischen aufrichtiger Liebe und dem sexuellen Erlebnis hin- und herschwankt, auf die Ebene des Triebes herab. Doch seine Strategie scheitert. Nicht nur in der persönlichen Beziehung zu Gretchen erlebt Faust den Moment der Erfüllung nicht, sondern auch im orgiastischen Sexualitätsrausch der „Walpurgisnacht" bleibt sein Glückserlebnis aus.

Reduktion Fausts auf triebhafte Sinnlichkeit scheitert

Macht und Ohnmacht

Trotz seiner bestimmenden Funktion für den Gang der Handlung ist Mephistos Macht begrenzt. Seine Macht beruht neben wenig überraschenden Zauberkunststücken (z.B. „Auerbachs Keller") zu einem guten Teil auf seinem Wissen. Gegenüber Faust äußert er: „Allwissend bin ich nicht; doch viel ist mir bewusst." (1582) So zeigt er sich im „Prolog" informiert über Fausts besondere Seelenlage, um eine Wette anbieten zu können. Später weiß er von Fausts Selbstmordabsichten und kann ihm damit die Verfluchung seiner bürgerlichen Existenz entlocken. Listige Spionage scheint seine Spezialität zu sein. So hat er bereits Gretchens Beichte mitgehört (vgl. 2625) und kennt auch die Details, mit denen die Mutter Gretchens das erste Kästchen weggegeben hat (vgl. 2831 f.). Er hat auch von Marthes Verlangen nach einem Totenschein erfahren (vgl. 2872) und kann dies für die Anbahnung eines Rendezvous zwischen Faust und Gretchen nutzen. Nicht zuletzt weiß er von Gretchens Kerkerhaft und Verurteilung, verschweigt es aber zugunsten seiner Verführungsstrategie in der „Walpurgisnacht". Er definiert sich selbst als

Wissen als Macht

> Ich bin ein Teil des Teils, der anfangs alles war,
> Ein Teil der Finsternis, die sich das Licht gebar [...]. (1349 ff.)

Er dreht damit den christlichen Schöpfungsmythos um und setzt das Dunkle, das Böse an den Anfang, um die eigene Wertigkeit zu erhöhen bzw. absolut zu setzen. Damit verkennt Mephisto aber seine eigene begrenzte Funktion im göttlichen Schöpfungsplan. Aus dem „Prolog“ geht hervor, dass der Herr ihm eine konkrete Aufgabe zugewiesen hat. Er soll verhindern, dass der Mensch selbstgenügsam aufhört, nach Höherem zu streben. Er ist damit nicht Gegenspieler, sondern Mitspieler des Herrn. Er ist insgesamt dem Herrn deutlich untergeordnet. Mephisto muss den Herrn um Erlaubnis fragen, ob er Faust in Versuchung führen darf. Auch gibt ihm der Herr die Anweisung, dass er nur frei erscheinen darf.

Selbstdefinition widerspricht Funktionszuweisung als Helfer

Mephistos Unterordnung als Geselle des Herrn

Doch auch im „Studierzimmer“ zeigt sich seine Ohnmacht. Er, der „stets das Böse will und stets das Gute schafft“ (1336), scheitert offenbar permanent. Das Leben, die Schöpfung setzt sich immer wieder durch. Im „Großen“ (1360) kann er nichts verrichten. Nicht einmal aus dem Zimmer kann er ohne weiteres wieder heraus, da ihm das Pentagramm den Weg versperrt. Die Erkenntnis der begrenzten Macht Mephistos hilft Faust, auf Augenhöhe mit dem Teufel zu verhandeln und sich nicht durch einen Teufelspakt seinem Gegenüber zu verschreiben. Damit hätte er von vornherein verloren. Er aber gestaltet das Angebot des Paktes in eine Wette um, die Mephisto nicht gewinnen kann. Denn nach der wichtigen Aussage im „Prolog“ wird der Herr seinen Knecht bald in die „Klarheit führen“ (309), d. h. aus dem Irrtum erretten.

Permanentes Scheitern Mephistos

Wette kann nicht gewonnen werden

Fausts Alter Ego

Die vielfältigen Funktionszuschreibungen und die inneren Widersprüche Mephistos machen es unmöglich, ihn nur als eine gewöhnliche dramatische Figur zu verstehen. Die Frage der Identität stellt sich zudem schon allein durch die Tatsache, dass der Teufelsglaube im 18. Jahrhundert im Zuge der Aufklärung nur noch wenig verbreitet war, so dass eine solche Figur kaum überzeugen konnte.

Teufel als dramatische Figur im 18. Jh. wenig überzeugend

Faust und Mephisto in der Gründgens-Inszenierung
© Imago Berlin

Abstraktes Prinzip des Widerspruchs

Goethe überwand das Problem der Plausibilität, indem er den Teufel gegenüber der bisherigen Fausttradition psychologisierte. Mephisto ist danach nicht nur als konkrete Figur zu verstehen, sondern vor allem als abstraktes „Prinzip des Widerspruchs, des Widerparts, der Negation" (Sudau, S. 49).

Mephisto als Wesenszug von Faust

Sein orakelhafter Spruch, er sei der „Geist der stets verneint" (1338), setzt ein bejahendes Gegenüber voraus. Er ist im wahrsten Sinne des Wortes nur ein „Teil" (1335) eines Ganzen. In einer psychologischen Dimension ist er ein Wesenszug von Faust, sein Alter Ego. In der Polarität der Figuren negiert das mephistophelische Prinzip Grundeigenschaften des Renaissance-Gelehrten. Seine nihilistische Tendenz zur Zerstörung kontrastiert Fausts Schaffensdrang. Mephistos Reduktion auf das Körperliche leugnet Fausts Sehnsucht nach Höherem. Sein Bekennen zur Teilhaftigkeit widerspricht dessen Suche nach ganzheitlicher Erfahrung.

Gespräche als Ringen mit sich selbst

Fausts Gespräche mit dem Teufel müssen in dieser Perspektive als „Figuration eines inneren Prozesses" (Schmidt, 1999, S. 112) verstanden werden. In diesem Sinn ist Faust eine zutiefst gespaltene Persönlichkeit, die mit sich selbst ringt.

Er bringt die andere Seite seines Ichs im „Studierzimmer“ aus sich selbst hervor. Mephisto ist Produkt seiner Verzweiflung. Bezeichnenderweise kommt die Verbindung der Wette erst unmittelbar nach Fausts nihilistischer Verfluchung seiner Existenz zustande, also aus einem Moment der Wesensgleichheit heraus.

Das Wirken des mephistophelischen Prinzips lässt sich in fast allen Szenen der Gretchentragödie beschreiben. Jedes Mal mit Mephistos Erscheinen kippt Fausts Seelenlage um. Exemplarisch sei auf die Szenen „Abend“ bzw. „Wald und Höhle“ verwiesen. In der ersten Szene entwickelt Faust Gefühle von aufrichtiger Zuneigung für Gretchen, bis Mephisto das Kästchen als Unterpfand der Verführung herbeibringt. In der Szene „Wald und Höhle“ hat sich Faust schon fast entschieden, von Gretchen abzulassen, als Mephisto ihn zur sinnlichen Befriedigung anstachelt. Aus dessen Euphorie zu Beginn der Szene entwickelt sich ein depressiver Fatalismus, dem Gretchen zum Opfer fallen wird.

Häufiger Wechsel von Fausts Gemütslage

So wie Faust die andere Seite seiner Seele nicht abstreifen kann, wird er Mephisto nicht los. Letztlich bedeutet dies, dass er selbstdestruktive Züge bereits in sich trägt. So hat Mephisto zweifellos Recht, wenn er die Verse formuliert:

Faust kann Mephisto nicht loswerden

Selbstzerstörerische Tendenzen

> Und hätt er sich auch nicht dem Teufel übergeben,
> Er müsste doch zugrunde gehn! (1866 f.)

Gretchen

KURZINFO

Kindsmörderin und Heilige

- Goethe modelliert die Figur auf dem Hintergrund verschiedener Heiligenlegenden und der Kindsmörderin Susanna Margaretha Brandt.
- Das 14-jährige Mädchen ist stark von den anerzogenen kirchlich-kleinbürgerlichen Normen geprägt. Die Unterschiede zu Faust sind im Grunde unüberbrückbar.
- Gretchen ist kein naives willenloses Opfer, sondern arbeitet aktiv auf die Verbindung mit Faust hin. Sie träumt von einer Erhöhung ihres gesellschaftlichen Standes.
- Sie ist zu Beginn von „bemerkenswerter Durchschnittlichkeit“ gekennzeichnet, wandelt sich aber zu einer idealen Liebenden.

Bedeutungskontexte und Vorbilder

Goethe spielt mit dem Namen Margarete-Gretchen auf dem Hintergrund einer vielschichtigen Bedeutungstradition. So lässt er seine weibliche Protagonistin im „Garten" eine Sternblume, vermutlich eine eine Margerite, im Blumenorakel zerzupfen. Die Blume weist damit symbolhaft auf die Figur selbst zurück. Sie zerstört sich selbst, ihre eigene Defloration (lat. *flos, floris* ‚Blume') bedeutet ihr Ende.

Symbolhafte Zerstörung der Margerite

Die unterschiedlichen Regienamen Margarete und Gretchen deuten „die spirituelle und verführend-verführte Seite der Figur" (Gaier, 2008, S. 141) an. Margarete ist das folgsame Kind, das durch Gottesglauben gehalten wird. Gretchen hingegen ist die sinnlich liebende Frau, die von Faust in Versuchung geführt wird. Gretchen, Gredt oder Gretlein waren noch im 18. Jahrhundert Kennzeichnungen für ein ‚leichtes Mädchen', so dass ‚Gredtleins Tür' auch den Eingang zu einem Bordell bezeichnen konnte. Auf diesem Hintergrund verwendet der Dramatiker Gretchens Namen in den Szenen „Gretchens Stube" bis zur „Nacht" (mit Ausnahme von „Marthens Garten", in dem das berühmte Religionsgespräch stattfindet).

Margarete und Gretchen als zwei Seiten der Figur

Wichtige Motive für die Gretchenhandlung nimmt Goethe aus zwei Heiligenlegenden. Wesentliche Teile von Gretchens Leben empfindet er der heiligen Margareta von Cortona, Schutzpatronin der bußfertigen Prostituierten, nach. Diese lebte mit einem Adligen unverheiratet zusammen und hatte ein Kind mit ihm, bevor sie sich einer langjährigen Buße unterwarf. Die „Kerker"-Szene dürfte demgegenüber von der Legende der heiligen Margareta von Antiochia beeinflusst sein. Als Christin war sie von einem römischen Prätor mit dem Tode bedroht und eingesperrt worden, weil sie ihn nicht heiraten wollte. Im Gefängnis wurde sie vom Teufel in Gestalt eines Drachens bedrängt, dem sie aber ihren Fuß auf den Nacken setzen und besiegen konnte.

Heiligenlegenden als Vorbilder

Biographische Erfahrungen müssen bei der Konzeption der Figur hinzugedacht werden. Der „Urfaust" entstand aus der Verschmelzung des Fauststoffes mit dem Fall der Susanna Margaretha Brandt, die am 14. Januar 1772 enthauptet worden war. Goethe hatte den Prozess um die Frankfurter Dienstmagd, die ihr uneheliches Kind getötet hatte, aus nächster Nähe miterlebt. Sein Onkel, sein Arzt und sein späterer Schwager waren direkt mit dem Prozess befasst. Die Kindsmordproblematik war in diesen Jahren ein ernsthaftes Problem, dessen sich der junge Goethe juristisch und literarisch annahm. Erst kurz vor dem Prozess war der Autor in Straßburg mit der These „ob eine Kindsmörderin noch mit dem Tode zu bestrafen sei, ist heute eine Streitfrage der Gelehrten geworden" (zit. nach Weber, S. 117) zum Lic. Jur. promoviert worden. Nun wurde er mit der Praxis konfrontiert. Aus dem Prozess übernahm er neben wichtigen Motiven (z. B. der Bruder der Dienstmagd war Soldat) auch Mephistos Ausspruch „Sie ist die Erste nicht".

Kindsmordprozess gegen Susanna Margaretha Brandt

Nicht zuletzt dürfte seine tiefe Reue gegenüber seinem Verrat an der Sesenheimer Pfarrerstochter Friederike Brion in der Gretchenfigur literarisch verarbeitet worden sein. Diese war von ihm – etwa zeitgleich wie Susanna Margaretha Brandt von ihrem Liebhaber – ohne Begründung im Jahre 1771 einfach verlassen worden. Man muss davon ausgehen, dass Goethe anhand des Prozesses klar wurde, in was für eine Lage er die Pfarrerstochter hätte bringen können, wäre sie schwanger geworden.

Reue gegenüber Jugendliebe

Es wäre falsch, die Figur auf eine dieser Bedeutungsvorlagen zu reduzieren. Vielmehr ist die Figur Gretchens eine Mischung aus den skizzierten Legenden und realen Personen.

Kleinbürgerlichkeit und Moralvorstellungen

Gretchens soziale Verhältnisse müssen als kleinbürgerlich beschrieben werden. Ihre Klage „Ach wir Armen!" (2804) darf freilich nicht darüber hinwegtäuschen, dass sie und ihre Mutter durchaus vermögend sind. Dies ergibt sich einerseits aus der Beschreibung ihres Zimmers (z. B. lederner Sessel, Schrein), andererseits aus der Tatsache, dass ihre Mutter Geld verleihen kann (vgl. 2787) bzw. der verstorbene Vater ein „hübsch Vermögen" (3117) hinterlassen hat. Die Mutter ist jedoch pedantisch sparsam, so dass sie keine Magd haben und Gretchen die Hausarbeit selbst verrichten muss.

Wohlstand innerhalb kleinbürgerlicher Verhältnisse

Keine Aufstiegschancen

Ihre Kleinbürgerlichkeit bedeutet aber trotz des bescheidenen Wohlstands das Fehlen gesellschaftlicher Aufstiegschancen. Sie wird niemals das adlige „Fräulein" werden, für das Faust sie in seiner weltfremden Art hält. Hat Faust zu wenig Mütterlichkeit erfahren, so hat Gretchen umso mehr Mutter, aus ihrer Sicht wohl zuviel Mutter. Peinlich genau achtet sie auf die Ordnung des Zimmers (vgl. 2703) und verhindert, dass die Tochter mit Männern Kontakt hat. Gretchen fürchtet, auf der Stelle zu sterben (vgl. 3509), würde die Mutter sie mit Faust erwischen.

Pedantische, strenge Mutter

Die von Gretchen vorgetragenen Werte sind wohl weniger ihre eigenen. Es ist vielmehr eine anerzogene Ordnung, die von der Gemeinschaft überwacht wird. Gretchens Erfahrungen am „Brunnen" dürften exemplarisch sein, wie sehr das Verhalten der Ledigen kontrolliert ist. Die kirchlich-soziale Ordnung wird nicht hinterfragt. Echoartig bekennt Gretchen im Zusammenhang des Religionsgesprächs, „man muss dran glauben!" (3421). Das „Man muss" steht im Zentrum der Erziehung zu Pflichten und Konventionen. So geht sie zur Beichte, obwohl sie nicht gesündigt hat (vgl. 2625). Gottesglaube realisiert sich in den ritualisierten Sakramenten. Eine innere Frömmigkeit muss Gretchen erst unter der Tragödie ihres Schicksals entwickeln. Erst im „Kerker" findet sie dazu.

„Muss" als Erziehungsziel

Ritualisierter Gottesglaube

Unüberbrückbare Unterschiede zwischen Gretchen und Faust

Die Unterschiede zu Faust sind im Grunde unüberbrückbar. Als sie sich das erste Mal begegnen, kommt er aus der Ersatzhölle der „Hexenküche", sie aus dem Gotteshaus. Sie besitzt lediglich einen begrenzten Kirchtumshorizont, er schwankt zwischen einem abstrakten atheistischen und einem pantheistischen Gefühl. Ganze Bildungswelten liegen zwischen dem 14-jährigen Mädchen und dem etwa 60-jährigen Ex-Professor. Faust lebt geistig in der Neuzeit, sie im Mittelalter. Darüber hinaus hat Faust alle sozialen Bindungen abgestreift, während Gretchen von der Sozialordnung nahezu determiniert ist. Er ist frei, während sie keinen Schritt ohne Aufsicht tun kann. „Von der Religion über die Naturanschauung bis zur Gesellschaftsauffassung, von der Moral bis zu den Interessen: Faust und Margarete haben anfangs nichts miteinander gemein" (Scholz, S. 27).

Sie sprechen eine andere Sprache. Faust parliert in eleganten Madrigalversen, während sie in altdeutschen Knittelversen spricht.

Verführtes Opfer und liebende Verführerin

Faust setzt mit seinem ungebührlichen Verhalten auf der „Straße“ eine sozialerotische Phantasie bei Gretchen in Gang. Durch die Anrede als „Fräulein“ und die bald folgenden Schmuckkästchen beginnt das kleinbürgerliche Mädchen von einem sozialen Aufstieg zu träumen. Mephisto untermauert diese Utopie in der Szene „Der Nachbarin Haus“ und setzt ihr zusätzlich in den Kopf, dass sie es wert sei, „gleich in die Eh’ zu treten“ (2943). Gretchen kann diesen Versuchungen nicht widerstehen. Das erste Kästchen gibt sie noch ihrer Mutter, beim zweiten wendet sie sich an ihre Nachbarin, bei der sie den Schmuck sofort anlegt. Das letzte Geschenk, das Faust ihr gibt, sind die Tropfen, die die Mutter töten werden. Es liegt in der Logik dieser Handlungskonzeption Gretchen als Opfer zu sehen.

Erfolg der sozialerotischen Verführungsstrategie

Dennoch wäre es falsch, sie einseitig als wehrloses Objekt zu verstehen. Ohne Zweifel spielt sie ihr eigenes Tun herunter, wenn sie behauptet:

Gretchen spielt ihr eigenes, aktives Tun herunter

> Beschämt nur steh ich vor ihm da,
> Und sag zu allen Sachen ja. (3213 f.)

Denn Gretchen ist nicht nur verführtes Opfer, sondern treibt als liebende Verführerin aktiv die Handlung an. Dafür spricht unter anderem das Tempo der Entwicklung ihrer Beziehung. Schon zu Beginn ihrer zweiten Begegnung in „Marthens Garten“ tritt sie sogleich an „Faustens Arm“ (Regieanweisung vor 3073) auf, also genau in der Weise, die sie öffentlich auf der „Straße“ abgewiesen hatte. Nur acht Verse später küsst Faust ihre Hand.

Tempo der Entwicklung

Noch in derselben Szene signalisiert sie ihre potenzielle Heiratsfähigkeit. Mit ihren kaum verhüllten Bemerkungen zu ihrem Vermögen, ihren hausfraulichen und mütterlichen Qualitäten (vgl. 3108–3148) arbeitet sie aktiv auf eine Eheanbahnung hin. Sie ist es, die mit dem Blumenorakel ihre Liebe verschlüsselt ausdrückt und Fausts Liebeseingeständnis provozieren will. Im „Gartenhäuschen“ lässt sie sich küssen, umfasst den Gelieb-

Gretchens Signale

ten aber selbst, „den Kuss zurückgebend“ (Regieanweisung vor 3206).

Schon vorher Entscheidung für die Liebesnacht

Bereits beim nächsten Treffen fällt die Entscheidung. Trotz der unbefriedigenden Erörterung des Religionsverständnisses geht Gretchen auf Fausts Wunsch nach einem intimen Moment ein. Sie ziert sich nicht, im Gegenteil, „gern“ ließe sie schon in der kommenden Nacht„den Riegel offen“ (3506), wenn nur ihre Mutter nicht wäre. Sie hat sich längst selbst für den Bruch der Normen entschieden.

Wandel zur idealen Liebenden

Im Gegensatz zu Faust ist Gretchen einer stufenweisen Entwicklung unterworfen. Am Anfang ist sie von „bemerkenswerter Durchschnittlichkeit“ (Eibl, S. 46). Sie ist in der Tat ein „arm unwissend Kind“ (3215), liebenswert naiv und kaum als Individuum aus der Masse zu erkennen.

Keine „Heilige“ zu Beginn

Gretchen ist beileibe nicht die Heilige, die Faust und manche Interpreten aus ihr machen wollen. Sie ist zwar „sitt- und tugendreich“, aber zugleich auch „schnippisch“ (2611 f.), wie Faust gleich bemerkt. Als die Mutter das Kästchen dem Pfarrer bringt, zieht sie ein „schiefes Maul“ (2827), mit dem sie ihr Missfallen ausdrückt. Wie alle anderen lästert sie über die ‚gefallenen' Geschlechtsgenossinnen, die wegen einer folgenreichen Schäferstunde ins gesellschaftliche Abseits gestoßen werden.

> Wie konnt ich sonst so tapfer schmälen,
> Wenn tät ein armes Mägdlein fehlen!
> Wie konnt ich über andrer Sünden
> Nicht Worte g'nug der Zunge finden! (3577–3580)

Sprache verrät Entfremdung von sich selbst

Der einsetzende Wandlungsprozess wird als Entfremdung von sich selbst beschrieben. Die Veränderung des Versmaßes spiegelt auf subtile Weise die innere Verwandlung wider. Der Knittelvers ist Ausdruck von Gretchens Natürlichkeit. Stolpert der Rhythmus bereits beim Auffinden des Kästchens, so entfremdet Gretchen sich immer mehr, wenn sie – sich Faust anpassend – in der Szene „Garten“ in gezierten Madrigalversen spricht („Inkommodiert Euch nicht! Wie könnt Ihr sie nur küssen?“, 3081). Gegen Ende der Tragödie ist ihre Verzweiflung so groß, dass sie ihre Gefühle nur noch in freien Versen auszudrücken vermag.

Die Selbstentfremdung korrespondiert mit der gesellschaftlichen Entfremdung bzw. Ausgrenzung. Gretchen setzt ihre Liebe von Beginn absolut und trotzt damit den gesellschaftlichen Konventionen. Gerade dadurch kann sie zur idealen Liebenden werden. Bereits im Lied „König von Thule" akzentuiert sie die unzerbrechliche Liebe jenseits der Normen. Dort ist es gerade die Liebe und Treue zur „Buhle" (2761), also zur Geliebten und nicht zur legitimen Ehefrau, die sie besingt. Gretchens Lied am Spinnrad (vgl. 3374–3413) überhöht ihre Gefühle, da Goethe von hier an mit Zitaten aus dem biblischen „Hohelied der Liebe" spielt. Gretchen wird damit zur idealen Geliebten und Liebenden stilisiert. Das leitmotivisch verwendete Hohelied löst Gretchen aus ihrem sozialen Kontext heraus.

Stilisierung zur idealen Liebenden durch das Hohelied

Im „Kerker" findet diese Idealisierung ihren Abschluss. Sie opfert sich selbst für ihre Liebe. Als sie Faust wiedererkennt, kommen sofort Bilder des Glücks aus dem Unterbewusstsein hervor. Doch als sie bemerkt, dass die Lippen des Geliebten erkaltet sind, d.h. er sie nicht mehr liebt, weigert sie sich, befreit zu werden. Rettung hätte für sie bedeutet, wenn Faust sie trotz aller Hindernisse weiter geliebt hätte.

Opfer für ihre Liebe

So aber akzeptiert sie ihre Schuld, weil sie weiß, dass

> Doch – alles was dazu mich trieb,
> Gott! war so gut! ach war so lieb! (3585 f.)

Auf diese Weise kommt sie mit sich ins Reine und kann gerettet werden. Der Kerker wird zum „heiligen Ort" (4603), Gretchen zur geläuterten Heiligen.

Kerker als heiliger Ort

Themen

Die Universitätssatire

KURZINFO

Zerrspiegel der Universitäten: Parodie auf Lehrtradition, Inhalte und Studentenunwesen

- Goethe verarbeitet mehrere Zeitebenen, nämlich die Zeit des historischen Faust an der Schwelle zur frühen Neuzeit und sein eigenes Jahrhundert.
- Aus Enttäuschung über die bestehenden Wissenschaften wendet sich Faust der Magie zu, einer Vorform der modernen Naturwissenschaften.
- Wagner verkörpert die humanistische Buchgelehrsamkeit des 16. Jahrhunderts. Seine Betonung der Rhetorik entlarvt seine veraltete Methodik.
- Das Schülergespräch Mephistos karikiert die Lehrinhalte und Vermittlung des 18. Jahrhunderts.
- „Auerbachs Keller" parodiert das Studentenunwesen der Goethezeit. Wissenschaftlicher Erkenntnisdrang ist verloren gegangen und durch eine platte Geselligkeit ersetzt worden.

Grenzen der Erkenntnis

Theozentrisches Weltbild am Ende des Mittelalters

Wie im gesamten Drama verknüpft Goethe bei seiner Universitätssatire die Zeit des Umbruchs vom Mittelalter zur Neuzeit mit eigenen zeitgenössischen Erfahrungen. Der Epocheneinschnitt um 1500, also die Zeit des historischen Faust, war hinsichtlich der Bildung vom kirchlichen Weltbild bestimmt. Wissenschaftlich denkbar war, was als theologisch deduzierbar galt. Noch Galileo Galilei (1564–1642) musste erkennen, was es hieß, gegen kirchlich sanktionierte, jahrtausendealte Auffassungen vorgehen zu wollen.

Paradigmenwechsel von der Scholastik zur Empirie

Mit Beginn der Neuzeit kam es jedoch an den Universitäten zu einem wissenschaftlichen Paradigmenwechsel von einer scholastisch-deduzierenden Methode zu einer aufklärerisch-induzierenden Empirie. Diese Wende setzte im Zeitalter von Renaissance und Humanismus ein. Die Renaissance-Gelehrten wie zum Beispiel Heinrich Cornelius Agrippa von Nettesheim (1486–1535), von dem Faust vermutlich den Vornamen hat, stellten die theologischen Grenzen in Frage und wandten sich der Magie zu. In ihrer Hinwendung zur Natur muss die magische Praxis als Vorform moderner empirischer Naturwissenschaften verstanden werden.

Der literarische Faust steckt noch mitten in diesem Prozess. Er ist mit seinen Methoden und seinem Denken noch im Spätmittelalter verankert, doch er ragt deutlich in die Neuzeit hinein. Sein Wehklagen, „leider auch Theologie“ (356) studiert zu haben, ist ein Spiegel jener Umbruchszeit. In einem theozentrischen Weltbild durfte man von dieser Wissenschaft das höchste Erklärungspotential erwarten, was die Welt „im Innersten zusammenhält“ (383).

Noch im 18. Jahrhundert waren die Wissenschaften eher beschreibend und einer antisystematischen Phänomenologie verpflichtet. Angesichts einer spätaufklärerischen Skepsis standen Aussagen über den Grund der Dinge als Ziel der Wissenschaften immer noch im Hintergrund. Die Faust'sche Erkenntnisproblematik bezieht also beide Jahrhunderte mit ein.

Beschreibende Zielsetzung der Wissenschaft im 18. Jh.

Verspottung veralteter Methoden

Im Zentrum der Universitätssatire steht Wagner, Fausts Famulus (= Diener, studentische Hilfskraft). Schon sein Erscheinen mit Nachtmütze und Lampe tief in der Nacht (vgl. Regieanweisung nach 521) macht aus dem weltfremden Gelehrten eine komische Figur. Nicht nur sein Professor ergießt seinen Spott über ihn, sondern auch die Zuschauer dürften über seine veralteten Methoden und Denkweisen lachen. Der „trockne Schleicher“ (521) verkörpert das Ideal der humanistischen Buchgelehrsamkeit des 16. Jahrhunderts, die ihr Pendant im enzyklopädischen Eifer der Aufklärung findet. Traditionsgläubig, ohne kritische Fragen zu stellen, setzt er sich in die Reihe derer, die vor ihm ein Problem durchdacht haben. Das Quellenstudium führt bei ihm unweigerlich zum Fortschritt.

Wagner als traditionsgläubiger, weltfremder Buchgelehrter im Zentrum der Satire

Sein aufgeklärter Rationalismus fragt nach dem Nutzen der Wissenschaft, den er für sich selbst vor allem in der Disziplin der Rhetorik erkennt. Bis etwa 1750 gehörte die Redekunst in Theorie und Praxis zu den selbstverständlichen Fertigkeiten und Übungen von Studenten. In der Goethezeit galt jedoch die übertriebene Rhetorik als gestelzt und unnatürlich, so dass sich Wagner in seinem Verharren zusätzlich der Lächerlichkeit preisgibt.

Rhetorik als unnatürliche, veraltete Kunst

Satire der Lehrinhalte

In Mephistos professoraler Karikatur (vgl. 1868–2050) wirft Goethe zusätzlich einen kritischen Blick auf Inhalte und Vermittlung der Universitäten des 18. Jahrhunderts. Gegenüber dem Beginn der frühen Neuzeit waren die Universitäten zwar weitgehend säkularisiert, doch waren sie weiterhin lediglich auf Wissenstandswahrung ausgerichtet. Altes Wissen wurde überliefert, doch neues kaum aufgenommen.

Ausrichtung der Universität auf Bewahrung von Wissen

Genau dies behauptet auch der teuflische Studienberater. Mephisto charakterisiert die Aufgabe der Studenten zunächst im Klassifizieren der Dinge. So könnten sie am Ende besser sehen, dass das, was der Professor sagt, nichts anderes sei, „als was im Buche steht" (1961). Die Gedanken der Studierenden seien nicht frei, sondern würden in „spanische Stiefel eingeschnürt" (1913). Neues kann sich unter diesen Umständen kaum entwickeln. In der Rechtswissenschaft würden sich alte Grundsätze wie eine „ew'ge Krankheit" (1973) fortsetzen und vererben. Neue rechtsphilosophische Ansätze, wie die des Naturrechts des 18. Jahrhunderts, würden in den Lehrplan nicht aufgenommen:

Naturrecht des 18. Jahrhunderts wird nicht rezipiert

> Vom Rechte, das mit uns geboren ist,
> Vom dem ist leider! nie die Frage. (1978 f.)

In der Theologie führten die Professoren die Studenten „an der Nase herum" (363) und verschanzten ihre Unwissenheit hinter leeren Worthülsen (vgl. 1989 ff.). Alles sei „graue Theorie" (2038), nur die Medizin biete – wenn auch satirisch verfremdet – konkreten Lebensbezug.
Das Schülergespräch setzt damit die Kritik Fausts aus der Szene „Nacht" fort und objektiviert sie.

Objektivierung von Fausts subjektivem Klagen

Kritik am Studentenunwesen

Die Satire ist umfassend und macht auch vor den Studenten nicht halt. Seit dem Spätmittelalter finden sich Klagen über die Vermassung der Universitäten, die als Grund für die Sittenverwilderung der Studentenschaft angesehen wurde. Das jugendliche Alter tat ein Übriges, da der Besuch der Lehranstalten ab 16 Jahren möglich war. Man muss sich die Studentenschaft des 17. und 18. Jahrhunderts als eine „Sammlung von ‚Halbstarken'"

(Kluge, S. 37) vorstellen, deren pubertäres Gehabe die Universitäten vor zahlreiche Probleme stellte. Raufereien und Alkoholexzesse, mit Säbeln bewaffnete Studenten, die lärmend durch die Straßen zogen, waren offenbar keine Seltenheit.

Studentische Interessen

Man darf sich nicht der Illusion hingeben, dass die Mehrheit der Studenten aus Wissensdurst an die Universitäten kam. In der ständisch gegliederten Gesellschaft wurde die Universität vorwiegend von Angehörigen der oberen Zehntausend beschickt, deren spätere Karriere nur äußerst bedingt von einem konzentrierten und erfolgreichen Studium abhing. Die Interessen dieser Studenten, die Goethe unter seinen Kommilitonen erlebt haben dürfte, lassen sich letztlich mit ‚Wein, Weib und Gesang' zusammenfassen. Einer der Hauptanziehungspunkte der Universität war die in der Regel herrschende Zügellosigkeit, gepaart mit einem milden Gerichtswesen, in deren Folge die Studenten gern über die Strenge schlugen.

Parodie durch Schülergespräch und „Auerbachs Keller"

Die Satire auf die Studentenschaft beginnt bereits im Gespräch mit dem Schüler, der wenig Interesse am Studieren zeigt, dafür aber seinen Wunsch nach „ein wenig Freiheit und Zeitvertreib" (1906) betont. Bei den Altsemestern in „Auerbachs Keller" ist freilich im wahrsten Sinne des Wortes Hopfen und Malz verloren. Ihr Erkenntnisinteresse ist der platten Geselligkeit gewichen. Lediglich ein dumpfer Nationalismus ist von den Freiheitsidealen der Französischen Revolution übrig geblieben. Ihre Bestialität parodiert in drastischer Weise das zeitgenössische Studentenunwesen.

Kritik an der Gesellschaft des 18. Jahrhunderts

KURZINFO

Beiläufige Negativzeichnung von Goethes Zeit

- Goethe steht seiner Zeit generell kritisch gegenüber. In seinem Weltbild ist die Entwicklung der Neuzeit negativ charakterisiert.
- Die Gesellschaftskritik steht aber nicht im Zentrum bzw. ist nicht der eigentliche Zweck des Dramas.
- Wie andere Stürmer und Dränger sympathisiert Goethe mit den Kindsmörderinnen, die er als Opfer der gesellschaftlichen Zustände versteht.
- Er kritisiert nicht nur die repressive Moralvorstellung des Bürgertums, sondern auch deren politische Unbekümmertheit.
- Als Konservativer entwirft der reife Goethe ein düsteres Bild von der Französischen Revolution.

Goethes Weltbild

„Traumatische Gesellschaftsperspektive"

Goethe versteht die Entwicklung der Neuzeit als einen „tragischen Verlustprozess" (Gaier, 2008, S. 32), in dem das, was in der Renaissance begonnen und man sich erhofft hatte, noch nicht erreicht oder schon wieder verspielt war. Hierzu gehört auch das Gedankengut der Aufklärung, deren Freiheits- und Egalitätsanspruch er nach den Erfahrungen der Französischen Revolution kritisch gegenübersteht. Manche Interpreten sprechen sogar von einer „traumatische[n] Gesellschaftsperspektive" (Zezschwitz, S. 34) des Autors, der die sozialen Umwälzungen seines Jahrhunderts ahnt, aber noch nicht begreifen kann. Die Stadt als Moloch der Masse, als Kristallisationspunkt im Prozess der Ablösung der feudalen zur kapitalistisch-industriellen Gesellschaft wird von ihm als unheimlich empfunden. Die dunkle Atmosphäre der folgenden Beschreibung ist bezeichnend.

> Sie feiern die Auferstehung des Herrn,
> Denn sie sind selber auferstanden,
> Aus niedriger Häuser dumpfen Gemächern,
> Aus Handwerks- und Gewerbes-Banden,
> Aus dem Druck von Giebeln und Dächern,
> Aus der Straßen quetschender Enge,
> Aus der Kirchen ehrwürdiger Nacht
> Sind sie alle ans Licht gebracht. (921–928)

Goethes Weltsicht und seine soziale Kritik klingen in „Faust“ an, stehen aber nicht im Zentrum des Textes. Bis auf die Kindsmordproblematik, deren Beschäftigung aus dem moralischen Impetus des Sturm und Drang stammt, zielt die beiläufige Thematisierung auch nicht auf eine Veränderung, ist also nicht primärer Zweck der Tragödie.

Kindsmordproblematik

Im Zusammenhang mit der Kritik an der Ständegesellschaft wurde die Beschäftigung mit Kindsmörderinnen im letzten Drittel des 18. Jahrhunderts zu einer regelrechten „Modesucht“ (zit. nach Habermas, S. 38). Unzählige Literaten in den 1770er- und 1780er-Jahren befassten sich mit dieser Problematik, freilich nicht aus juristischer, sondern rein literarischer Perspektive. Unter den berühmtesten literarischen Auseinandersetzungen dieser Jahre sind neben Goethes „Faust“ das Gedicht „Die Kindermörderin“ von Friedrich Schiller, Heinrich Leopold Wagners gleichnamiges bürgerliches Trauerspiel und Gottfried August Bürgers Ballade „Des Pfarrers Tochter zu Taubenhain“ zu nennen.

Modethema des Sturm und Drang

Die Stürmer und Dränger verfremdeten die sozialen Bedingungen des historischen Phänomens in bemerkenswerter Weise. Wie Susanna Margaretha Brandt waren die meisten Kindsmörderinnen Mägde bzw. stammten aus der Unterschicht. Ihre Verführer waren in der Regel Gesellen, Soldaten oder Tagelöhner. Beide standen meist in einem abhängigen Beschäftigungsverhältnis ohne finanzielle Mittel, so dass eine Heirat ausgeschlossen war. Die ledige Mutter musste letztlich die Konsequenzen alleine tragen, insbesondere wenn sie der Mann auch noch verlassen hatte. Sie fielen der gesellschaftlichen Stigmatisierung anheim, die auch durch die Kirche unterstützt wurde.

Historisches Phänomen der Unterschicht

Die Geburt eines unehelichen Kindes war jedoch keine absolute Katastrophe. In den meisten Ehen wurden die ersten Kinder unehelich gezeugt, da spätestens nach dem gegenseitigen Eheversprechen die Unverheirateten damit begannen, miteinander zu schlafen. Darüber hinaus hing die Bewertung durch die Gesellschaft von den persönlichen und sozialen Umständen ab. Christiane

Soziale Bewertung unehelicher Geburten

Vulpius zeugte mit Goethe fünf uneheliche Kinder, ohne zur Kindsmörderin zu werden. Welche Motive die ledigen Mütter zu der Verzweiflungstat des Kindsmords trieben, geht aus den historisch überlieferten Prozessakten nicht hervor. Das frühneuzeitliche Gerichtswesen war daran nicht interessiert.

Literarische Anpassung des Sozialmilieus mit dem Ziel der Adelskritik

Die Autoren des Sturm und Drang verlagerten den Sozialstatus der Kindsmörderinnen ins Bürgertum, die unschuldig von verdorbenen, sitten- und hemmungslosen Adligen verführt wurden. Damit wurde aus der Kindsmordproblematik eine Kritik am Adel, indem das historische Phänomen ihrem Anliegen angepasst wurde.
Die Grundkonstellation der Gretchentragödie im „Urfaust" erinnert an diese soziale Problematik. Goethe nimmt den expliziten gesellschaftlichen Konflikt jedoch zurück. Faust repräsentiert letztlich den strebenden, nicht aber den ständisch privilegierten Menschen. Gretchen wächst als Liebende ungewollt über ihre Standesgrenzen hinaus.

Goethe nimmt den gesellschaftlichen Konflikt zurück

> „Gewiß, Faust und Gretchen gehören verschiedenen Lebenskreisen an, die sich nur kurz berühren, doch über das Ende ihrer Beziehung entscheidet mehr als die Herkunft der Ort, von wo sie kommen – Gretchen war in der Kirche, Faust in der Hexenküche" (Keller, S. 315).

Geblieben ist Goethes Sympathie für die Kindsmörderin, die er moralisch rechtfertigt und retten lässt. Es sei nicht verschwiegen, dass er als Weimarer Rat später ein Todesurteil gegen eine des Kindsmords verdächtigte Magd befürwortete. Das Empfinden des Stürmer und Drängers stimmte nicht mit der rechtspolitischen Entscheidung des reifen Klassikers überein.

Bürgerliche (Doppel-)Moral

Zerstörung der kleinbürgerlichen Idylle

Im Spiegel der Kindsmordtragödie wird die kleinbürgerliche Idylle zerstört. Konnte Fausts enthusiastische Beschreibung von Gretchens Kammer zu Beginn noch ein Bild der zufriedenen Selbstbescheidenheit und Idealität vorgaukeln, so werden die Risse der kleinbürgerlichen Fassade schnell deutlich.

Strenge Kontrolle

Goethe skizziert das Bild einer inhumanen, dogmatisch verhärteten gesellschaftlichen Moral. Sexualität wird unterdrückt, ein Fehltritt fällt auf das ‚ganze Haus' zurück. Dies ist der Grund für Strenge der Eltern, für die Gretchens und Lieschens Mutter (vgl. 3564) stellvertretend sind. Die Szene „Am Brunnen" zeigt zudem die kirchlich-gesellschaftlichen Mechanismen der Ausgrenzung. Der Kleinstadttratsch zeugt von der genauen Beobachtung und hämischen Kontrolle des sozialen Umfelds. Die Kirchenbuße, bei der die ledigen Mütter im „Sünderhemdchen" (3569), manchmal mit einer brennenden Kerze in der Hand, in der Messe zur Schau gestellt wurden, während der Prediger ihre Verfehlungen anprangerte, erzeugten einen unglaublichen sozialen Druck. Die Heimkehr von der Kirche war vielfach mit einem Spießrutenlauf verbunden, bei dem sie beschimpft und verspottet wurden. Falls es doch noch zu einer Heirat kommen sollte, war damit zu rechnen, wie Lieschen andeutet, dass die Hochzeit diffamierenden Charakter besaß. Statt eines Brautkranzes durfte die Frau nur einen Strohkranz tragen, den ihr die umherstehenden Jungen herunterrissen (vgl. 3575).

> „Die Kirchenbuße des 18. Jahrhunderts hatte in ihrem Charakter wie in ihren Folgen einige Ähnlichkeit mit den Prozeduren, denen totalitäre Systeme des 20. Jahrhunderts Dissidenten aussetzten und aussetzen. Wie diese war sie institutioneller Terror und zielte auf die Erzeugung von sozialer Angst" (Schmidt, 1995, S. 107).

Schuld der Gesellschaft am Kindsmord

Den Rest erledigt die Gesellschaft selbst. Ihr Bruder Valentin, selbst ernannter Moralapostel derselben, zeigt bei seiner öffentlichen Verfluchung seiner Schwester, dass Gretchen bald zu den sozial Aussätzigen (vgl. 3761) gehören wird. Gretchen gerät angesichts dieser bevorstehenden Qualen so furchtbar unter Druck, dass sie zur Tötung ihres Kindes getrieben wird. Goethe lastet damit der Gesellschaft indirekt den Kindsmord an.

Doppelmoral: Messen mit zweierlei Maß

Anhand der Valentin-Szene wird zudem die Doppelmoral deutlich. Bereits in der Szene „Vor dem Tor" hatten sich die Soldaten gerühmt, „Mädchen und Burgen / Müssen sich geben" (897 f.). Daran anknüpfend schildert Valentin, wie seine soldatischen Zechkumpanen sich mit der Schönheit der eroberten Mädchen brüsten (vgl. 3621 f.). Männliche Eroberungslust wurde von der Ge-

Männliche Freiheiten akzeptiert

sellschaft toleriert. Mit knappen Strichen skizziert Goethe, dass bei den Geschlechtern mit zweierlei Maß gemessen wird. Männer dürfen sich alle, die Frauen aber keine Freiheiten nehmen.
Die Frauen haben dieses Missverhältnis internalisiert und akzeptiert, wie die Szene „Am Brunnen“ belegt. Als Gretchen schüchtern bemerkt, der Liebhaber des verführten Bärbelchens werde sie doch gewiss zur Frau nehmen, antwortet Lieschen:

> Er wär ein Narr! Ein flinker Jung
> Hat anderwärts noch Luft genung,
> Er ist auch fort. (3571–3573).

Man wird dem Autor sicherlich kein Plädoyer für die sexuelle Emanzipation der Frau unterstellen dürfen, aber er hat deutlich „die einseitige und bis zum Mörderischen inhumane Sexualmoral einer heuchlerischen Gesellschaft angeprangert“ (Schmidt, 1999, S. 183).

Selbstgefälligkeit, dumpfer Nationalismus und pervertierte Freiheitsidee

Apolitische Haltung der philisterhaften Bürger

Goethe kritisiert die bürgerliche Gesellschaft seiner Zeit aber auch noch auf einer anderen Ebene. Satirisch zeichnet er sie in der Szene „Vor dem Tor“ als philisterhaft und selbstgenügsam, wenn er die Bürger sagen lässt:

> ANDERER BÜRGER.
> Nichts Bessers weiß ich mir an Sonn- und Feiertagen,
> Als ein Gespräch von Krieg und Kriegsgeschrei,
> Wenn hinten, weit, in der Türkei,
> Die Völker aufeinander schlagen.
> Man steht am Fenster, trinkt sein Gläschen aus
> Und sieht den Fluss hinab die bunten Schiffe gleiten;
> Dann kehrt man abends froh nach Haus,
> Und segnet Fried und Friedenszeiten.
> DRITTER BÜRGER.
> Herr Nachbar, ja! so lass ich's auch geschehn,
> Sie mögen sich die Köpfe spalten,
> Mag alles durcheinander gehn;
> Doch nur zu Hause bleib's beim Alten. (860–871)

Nationalismus der bürgerlichen Studenten

Mit dieser apolitischen Haltung geht ein dumpfer Nationalismus einher, den Goethe in „Auerbachs Keller“ zeigt. „Ein echter deutscher Mann mag keinen Franzen leiden“,

heißt es dort unter den bürgerlichen Studenten, „doch ihre Weine trinkt er gern“ (2272 f.). Stammtischgeschwätz statt politischer Analyse prägt das Bildungsbürgertum.
Es mag kaum verwundern, dass die großen Ideale der Französischen Revolution hier nur verkümmern. Freiheit bedeutet hier, über das Maß des Alkoholkonsums selbst bestimmen zu dürfen („Es lebe die Freiheit! Es lebe der Wein!“, 2244). Schlimmer noch, die konsequent ausgestaltete Leitmotivik des Freiheitsbegriffes in dieser Szene offenbart, das der Terminus sogar für einen Mord missbraucht wird („Stoßt zu! der Kerl ist vogelfrei!“, 2312).

Perversion des Freiheitsbegriffes

Insgesamt sind Goethes Anspielungen auf die Französische Revolution bemerkenswert negativ. Auch die Einsprengsel in der „Hexenküche“ und der „Walpurgisnacht“ bestätigen das. Es ist beides Mal ein Spiel mit dem Feuer bzw. ein Tanz auf dem Vulkan, der gezeigt wird. In der ersten Szene sitzt Mephisto wie ein König auf einem Thron. Seine Krone zerbricht, der die Gesellschaft symbolisierende Kessel läuft über. Durch ein strenges gewaltsames Regiment gelingt es aber, Herr der Lage zu bleiben. Diese Allegorie zeigt, was der Autor von der Monarchie erwartet hätte, um die Revolution zu stoppen. Goethe erweist sich in diesem Zusammenhang als Konservativer. Nicht zuletzt hatte er eine solche restaurative Politik als Geheimer Rat in Weimar selbst zu vertreten.

Konservative Einstellung Goethes

Irren und Streben des Menschen

KURZINFO

„Es irrt der Mensch so lang er strebt.“

- Der „Prolog im Himmel“ greift die Thematik unter verschiedenen Aspekten auf.
- Faust ist Stellvertreter der Menschheit, irrend und strebend zugleich. Nach Aussage des Herrn ist er sich des rechten Wegs trotz aller Irrtümer bewusst.
- Mephisto hat die Aufgabe, das Streben des Menschen wachzuhalten.
- Im „Studierzimmer“ wettet Mephisto entgegen seiner Bestimmung, dass es ihm gelingen werde, Fausts Sehnsucht zu stillen.
- Gretchen wird im „Kerker“ aus ihrem Irrweg erlöst.
- Fausts Streben setzt sich im zweiten Teil der Tragödie fort. Erst am Ende erkennt er den rechten Weg und wird gerettet.

Im Gegensatz zu den eher auf Goethes Zeit bezogenen Themenkomplexen ist das Irren und Streben des Menschen die zentrale überzeitliche Problematik der Fausttragödie. Goethe entwickelt die Thematik über das Wesen des Menschen erst in der Auseinandersetzung mit Schiller, der ihn aufforderte, die individuelle Seelenlage Fausts ins Idealtypische zu erweitern. Mithilfe der Schiller'schen Anregung wird Faust zum Repräsentanten der Menschheit, der Hiob der frühen Neuzeit. Wie um die biblische Figur spannt sich eine kosmische Wette zwischen Gott und dem Teufel. Faust ist ohne Zweifel ein besonderer Mensch, dessen Ansprüche maßlos sind, doch gerade seine Grenzenlosigkeit macht ihn zum Exempel für die Schranken des Menschengeschlechts. Dass es in der himmlischen Wette nicht nur um das Individuum Faust geht, zeigt der Kontext, in dem er erstmalig genannt wird. Der Herr erwähnt ihn nach den Klagen Mephistos, dass es dem Menschen auf Erden so schlecht gehe. Zwanzig Verse später gibt er die Erlaubnis, Faust in Versuchung zu führen, mit der bezeichnenden Begründung, „es irrt der Mensch so lang er strebt" (317). Irren schließt hier Irrwege, falsche Entscheidungen und Schuldigwerden mit ein.

Entwicklung der Thematik auf Anregung Schillers

Faust als Repräsentant

Seinem Schöpfungsplan entsprechend ist Gott um das Schicksal des Menschen nicht bang, denn er weiß,

> Ein guter Mensch in seinem dunkeln Drange
> Ist sich des rechten Weges wohl bewusst. (328 f.)

Allerdings weiß der Herr auch, dass der Mensch leicht in Selbstgefälligkeit und Genügsamkeit verfallen kann. Deshalb hat er ihm Mephisto als „Gesellen" (342) dazugegeben, der den Menschen „reizt" (343), ihn aus seiner geliebten „Ruh" (341) heraustreibt.

Mephisto soll Streben anstacheln

Faust ist freilich nicht jemand, den man zum Streben anstacheln muss. Im Gegenteil, seine Sehnsucht nach Erkenntnis, nach dem Urprinzip, ist in der Tat übermenschlich und unstillbar. Darüber hinaus besitzt er eine zweite Seele, die der Sucht nach Lebensfreude und Sinnlichkeit. Angesichts seines Stubenhockerdaseins und der gesellschaftlichen Isolation dürfte die Diskrepanz zwischen dem Ist-Zustand und seiner angestrebten Wunschvorstellung unermesslich sein. Der Titan droht an der Unerfüllbarkeit seiner Sehnsucht zu zerbrechen.

Genau das ist Mephistos Ansatzpunkt. Entgegen seiner Bestimmung im göttlichen Schöpfungsplan will er paradoxerweise nicht anstacheln, sondern beruhigen. Er verspricht ihm einen Moment des Genusses, einen Augenblick des vollkommenen Glücks. Faust glaubt nicht daran und setzt sein permanentes unglückliches Streben dagegen. Er wettet im „Studierzimmer" auf seine Unzufriedenheit, andernfalls wolle er sich dem Teufel übergeben. Faust weiht sich zwar dem „Taumel" (1766), dem „Rollen der Begebenheit" (1755) über Gretchen bis zur Walpurgisnacht, doch dies erfüllt ihn nicht. Mit seinen eigenen Worten bekennt er sich zu einem wahrhaften Teufelskreis:

Fausts unstillbare Sehnsucht muss der Teufel nicht anstacheln

Entgegen seiner Bestimmung will Mephisto Fausts Sehnsucht stillen

Teufelskreis von Begierde und Genuss

> So tauml' ich von Begierde zu Genuss,
> Und im Genuss verschmacht ich nach Begierde. (3249 f.)

So bleibt er im gesamten ersten Teil der Tragödie

> Der Unmensch ohne Zweck und Ruh?
> Der wie ein Wassersturz von Fels zu Felsen brauste
> Begierig wütend nach dem Abgrund zu. (3349–3351)

Dieser rastlose Unmensch geht über Leichen. Gretchens Unschuld ist sein erstes Opfer. An ihr zeigt sich erstmalig die Prophezeiung des Herrn. Sie erkennt im „Kerker" den rechten Weg, indem sie sich zu ihrer Schuld bekennt. Ihre Fehler werden ihr vergeben, sie wird erlöst. Faust strebt weiter in die große Welt und stürzt andere mit ins Verderben. Angesichts der langen Liste von Verfehlungen muss man sich fragen, ob er sich tatsächlich immer des richtigen Weges bewusst ist. Sein Irren umfasst den Tod von Gretchen, ihrer Mutter, ihres Bruders, ihres Kindes, die Menschenopfer des Dammbaus (vgl. „Faust II", 11127) sowie Philemon und Baucis (vgl. „Faust II", 11316 ff.). Hinzu kommen Meineid, Verführung Minderjähriger, Kriegsraub, Piraterie und Zwangsenteignung (vgl. „Faust II", 11184 ff., 11275 ff.), nicht zu vergessen Größenwahn und Machtgier. Erst am Ende kommt er zur Einsicht, so dass ihm seine Irrtümer verziehen werden.

Gretchens Erlösung als Beleg für den Schöpfungsplan

Fausts Irrtümer und Verfehlungen

> „Wer immer strebend sich bemüht
> Den können wir erlösen."
> Und hat an ihm die Liebe gar

Von oben Teil genommen,
Begegnet ihm die selige Schar
Mit herzlichem Willkommen. („Faust II", 11936–11941)

Grundfragen der menschlichen Existenz

Goethe thematisiert mit dieser Handlungslinie Grundfragen der menschlichen Existenz. Er zeigt zunächst die natürliche Beschränktheit des Menschen auf, der aber seine Grenzen immer wieder überwinden möchte. Faust ist Prototyp dieses Menschen. Um die natürlichen Grenzen zu überwinden, ergibt er sich der Magie, später sogar dem Teufel selbst. Maßlosigkeit und Größenwahn bestimmen sein Denken, das im zweiten Teil der Tragödie zu globaler Spannweite anwächst. Damit nimmt er Wesenszüge des Menschen im 21. Jahrhundert vorweg.

Faust nimmt Wesenszug des modernen Menschen vorweg

Darüber hinaus erörtert er die Frage, welchen Charakter Irrwege und Verfehlungen im menschlichen Dasein haben. Goethe beantwortet diese Überlegung mit dem Welt- und Menschenbild des Herrn, welches mit seiner eigenen Sicht der Dinge identisch ist. Sein Denken ist von Polarität geprägt. Entstehen und Vergehen, Geburt und Tod, „verselbstigen und entselbstigen, Abfallen und Zurückkehren zum Ursprünglichen" (Sudau, S. 43) gehören für ihn zusammen. So gehört das Irren zum Wesen des Menschen, es ist die andere Seite des Strebens. Goethes Botschaft ist, dass der Mensch nicht verloren gehen kann. Gottes Heilsversprechen ist garantiert.

Identität von Goethes Menschenbild mit dem des Herrn

Polarität und Heilsversprechen

Dramatische Komposition

Vielfalt dramatischer Bauformen

KURZINFO

„Faust" – Tragödie, Komödie oder Mysterienspiel?

- Goethe betitelt sein Drama „Der Tragödie Erster Teil".
- Die nicht unproblematische Gattungsbezeichnung verdeckt die Vielzahl der dramatischen Bauformen.

Goethe hat im Untertitel zu „Faust I" die Gattungsbezeichnung „Tragödie" hinzugesetzt. Nun ist Fausts Schicksal im landläufigen Sinne ohne Zweifel tragisch, da er ständig scheitert. Weder seinen Erkenntnisdurst kann er stillen, noch gleicht er den Göttern, wie er zu

Fausts tragisches Scheitern

meinen glaubt. Die Grenzen der menschlichen Existenz können nicht überwunden werden. Sinnliche Glücksgefühle entwickeln sich weder bei Gretchen noch in der Hexenwelt der „Walpurgisnacht". Sein Scheitern bedingt den Tod von Gretchen und ihrer ganzen Familie.

Gattungstheorie der Tragödie

Zu einer den Merkmalen der Gattungsdefinition entsprechenden Tragödie reicht dies aber nicht aus. Tragik ist nicht bloß Unglück oder Leid, sondern beinhaltet die Katharsis, d.h. die Reinigung und Läuterung des Protagonisten. Davon ist im ersten Teil der Tragödie nichts zu finden. Allerdings könnte man mit etwas gutem Willen Fausts Abkehr von der Magie und die Einsicht in sein falsches Handeln am Ende von „Faust II" (vgl. 11404ff.) in diesem Zusammenhang ins Feld führen.

Sittliche Freiheit Gretchens im „Kerker"

Die Gretchentragödie erfüllt dieses Kriterium schon eher. Sie ist in der dramatischen Bauform ein bürgerliches Trauerspiel, in dem das unschuldige bürgerliche Mädchen verführt und verraten wird. In der letzten Szene des Werkes gelangt Gretchen zu sittlicher Größe. Sie erkennt ihre Schuld an und opfert sich. Auf Erden wird sie hingerichtet, aber ihre Seele wird errettet.

Poetisches Kompendium des europäischen Theaters

Goethes Gattungszuschreibung verdeckt jedoch die Tatsache, dass das Werk aus ganz unterschiedlichen Bauformen zusammengesetzt ist. Angesichts der unglaublichen Vielfalt der Elemente hat man das Faustdrama als „poetisches Kompendium des europäischen Theaters" (Müller, S. 7) bezeichnet. Im Kern lassen sich drei Grundbausteine ausmachen, die differenziert ausgestaltet sind.

Drei Grundelemente:

(1) Tragödie

Die Tragödie des Gelehrten entfaltet sich als Monodrama mit langen Monologen des leidenden Protagonisten. Das bürgerliche Trauerspiel um Gretchen erinnert gleichzeitig an ein Stationendrama, bei dem freilich die äußere Handlung weitgehend ausgespart ist.

(2) Komödie

Unverkennbar sind Elemente der Komödie an verschiedenen Stellen eingearbeitet. Zentraler Dreh- und Angelpunkt der Komödie ist der Schalk. Vom „Prolog im Himmel" über das Schülergespräch bis hin zu „Marthens Garten" strotzt Mephisto nur so vor Ironie und Sprachwitz. Auch die gesamte Universitätssatire muss in diesem Zusammenhang genannt werden.

(3) Mysterienspiel

Tragödie und Komödie sind eingebettet in die kosmische Handlung, die an das mittelalterliche Mysterienspiel bzw. das barocke Welttheater angelehnt ist. Die Rahmenhandlung, die sich im „Prolog im Himmel“ entfaltet, greift die religiöse Thematik dieser Vorformen wieder auf.

Vielzahl weiterer Bauelemente

Darüber hinaus ließe sich eine Fülle weiterer Bauelemente detailliert belegen, die aber hier nur zusammenfassend genannt werden können. So sei auf die vielen lyrisch-musikalischen Formen hingewiesen, die Anklänge an das Volkslied bzw. an kirchliche Traditionen (z. B. Gebet, Hymnus, Chorstücke) aufweisen. Revueartige Szenen (z. B. „Vor dem Tor“) fehlen ebenso wenig wie opernhafte Stellen, zeitgenössische höfische Maskenzüge (z. B. „Walpurgisnachtstraum“) finden Platz neben antiken Versdichtungen. Angesichts dieser Breite der Bauformen muss man bei „Faust“ wohl von einer eigenen Gattung sprechen.

Auflösung der Einheit von Handlung, Ort und Zeit

KURZINFO

„Faust“ als offenes Drama

- Die Gelehrtentragödie wahrt die klassische Einheit von Handlung, Ort und Zeit.
- Das bürgerliche Trauerspiel aus der Epoche des Sturm und Drang löst diese Einheit immer mehr auf. Spielzeit und gespielte Zeit der Gretchenhandlung fallen drastisch auseinander.
- Shakespeares Theaterstücke mit ihrer Nicht-Einhaltung der Einheiten von Handlung, Ort und Zeit dienen Goethe als Orientierung und Vorbild für die offene Form.

Studierzimmer als zentraler Schauplatz

Blendet man zunächst einmal den „Prolog im Himmel“ aus, so lässt sich für die Gelehrtentragödie eine erstaunliche Einheit von Handlung, Ort und Zeit festhalten. Das Studierzimmer dient als zentraler, fast durchgehender Schauplatz, der nur durch die Szene „Vor dem Tor“ kurzzeitig abgelöst wird. Auch zeitlich ist eine Einheit vorhanden, denn zwischen den ersten Versen der „Nacht“ bis zum Ende des Schülergesprächs sind nur wenige – nicht gezeigte – Stunden vergangen. Selbst vor „Auerbachs Keller“ bzw. der „Hexenküche“ dürften keine größeren Zeiträume verstrichen sein, so dass eine weitgehende Übereinstimmung von Spielzeit und gespielter Zeit anzusetzen ist. Freilich wird durch die beiden letzten Szenen die örtliche Einheit bereits aufgegeben, zumal die „Hexenküche" in einem surrealen Raum spielt.

Weitgehende Übereinstimmung von Spielzeit und gespielter Zeit

In der Gretchenhandlung löst sich die auf Aristoteles zurückgehende Einheit immer mehr auf. Ist anfangs die Szenenfolge noch relativ dicht aufeinanderfolgend zu verstehen, wachsen mit der ausgesparten Schwängerung, Geburt, dem Kindsmord und Prozess die Abstände. Man wird von einer Handlungsdauer von mindestens einem Jahr ausgehen müssen. Beinahe alle äußeren Höhepunkte werden nicht dargestellt, sondern bleiben der Phantasie des Zuschauers überlassen.

Spielzeit der Gretchenhandlung ca. ein Jahr

Wechselnde Schauplätze gehen mit dieser zeitlichen Auflösung einher. Dabei ist nicht primär an die relativ nahe beieinanderliegenden Orte der Straße, Gretchens Kammer, Haus und Garten der Nachbarin Marthe Schwerdtlein zu denken. Es sind die wichtigen Szenen „Wald und Höhle" und „Walpurgisnacht", die sprengend wirken. Letztere Szene verdeckt zudem die entscheidenden Momente in Gretchens Lebenskatastrophe.

„Wald und Höhle" und „Walpurgisnacht" sprengen die Einheit

Mit Volker Klotz wird man „Faust I" deshalb als offenes Drama charakterisieren müssen, in der die als klassisch geltende Einheit von Ort, Zeit und Handlung nicht mehr gegeben ist. Goethe brach damit mit der Dramaturgie der Antike und des französischen Klassizismus. Offen ist auch das gesellschaftliche Figurenpanorama, das von der universitären bis zur kleinbürgerlichen Welt, vom Bürger bis zum Bauer, vom Himmel bis zur Hölle reicht. Als Vorbild für die Szenen- und Personenvielfalt (vgl. „Vor dem Tor", „Hexenküche", „Walpurgisnacht") dienten dem Stürmer und Dränger Goethe die Dramen Shakespeares.

Offene Form: keine klassische Einheit, breites Figurenspektrum, keine Akteinteilung

Der fragmentarische Charakter des „Urfaust", in dem viele Szenen noch unverbunden waren, wurde im Verlauf der Bearbeitung überwunden. Doch die losen Szenenkomplexe wollten sich auch in „Faust I" nicht in Akte zwängen lassen.

Gegensätzlichkeit und Spiegelung als Strukturprinzipien

KURZINFO

Gegensätze ziehen sich an

- Goethes Denken ist von antithetischen Konfigurationen geprägt. Die Gegensätze sind aufeinander bezogen. Spiegelung und Gegensätzlichkeit tragen zur Erhellung des Gegenübers, zur Konturierung des Wesentlichen bei.
- Folge dieses Denkens ist die Gestaltung verschiedener Figurenpaare, z. B. Herr – Mephisto, Faust – Mephisto, Marthe – Gretchen.
- Auch Szenen sind einander zugeordnet. Sie entwerfen unterschiedliche Perspektiven auf einen Sachverhalt, z. B. „Wald und Höhle" und „Gretchens Stube".

Goethes Denken in antithetischen Konfigurationen

Einheit trotz Themenvielfalt und Breite der Bauformen?

Angesichts der Themenvielfalt, der Fülle der dramatischen Bauformen und der offenen Dramenkonzeption muss die Frage erlaubt sein, was denn den Text „im Innersten zusammenhält" (383). Eine Antwort lässt sich nur auf dem Hintergrund von Goethes allgemeiner Vorstellungswelt finden, ohne die seine dramatische Konzeption nicht zu verstehen ist. Der Wissenschaftler Goethe formuliert parallel zu „Faust I" im ersten Band über die Farbenlehre:

Systole und Diastole – aufeinander bezogene Gegensätze

> So setzt das Einathmen schon das Ausathmen voraus und umgekehrt; so jede Systole ihre Diastole. Es ist die ewige Formel des Lebens, die sich auch hier äußert.
> (WA II, 1, 15, zitiert nach Requadt, S. 61)

Die Begriffe Systole und Diastole leiten sich aus dem Griechischen ab und bezeichnen das Zusammenziehen (Systole) und Auseinandergehen (Diastole). Beide Prozesse sind aufeinander bezogen, setzen einander voraus und wechseln sich in einem fortwährenden Kreislauf ab. Sie beschreiben Gegensätze und gehören doch zusammen.

Diese Prinzipien, die der Wissenschaftler Goethe in der Natur beobachtete, übernahm der Dramatiker Goethe für „Faust" in vielfältiger Weise. Seine dramatischen Figuren erhalten ihre volle Konturierung erst durch die Kontrastierung mit anderen. Perspektiven auf das Geschehen erfahren eine Schärfung durch die Gegenüberstellung mit anderen komplementären Sichtweisen. Bis in die Leitmotivik ist nachzuweisen, dass diese als aufeinander bezogene Gegensätzlichkeiten konzipiert sind.

Figuren

Geht man vom inneren Kern der Figurenkonstellation aus, so fällt bereits im Verhältnis von Faust und Mephisto die spiegelbildliche Komposition auf. Mephisto ist die andere Seite von Faust, sein Alter Ego. Strebt Faust nach höheren Weihen, so ist der Teufel sein personifizierter Triebwille. Die dramaturgisch sichtbaren Auseinandersetzungen zwischen den beiden entpuppen sich bei genauerer Betrachtung als Projektion innerer Vorgänge, als Widerstreit der zwei Seelen in Faust.

Mephisto als Alter Ego Fausts

Beide für sich genommen stehen in weiteren Kontrastverhältnissen. Mephisto ist dem Herrn gegenübergestellt. Sein triebgesteuertes Menschenbild konkurriert mit dem vernunftorientierten göttlichen Schöpfungsplan. Mephistos magische Welt, die Goethe in der „Hexenküche“ bzw. in der „Walpurgisnacht“ skizziert, ist spiegelbildlich die göttliche Sphäre mit den Engeln im „Prolog im Himmel“ zugeordnet. Das Chaos der unbändigen Elementarkräfte und die Dunkelheit der Teufelswelt finden ihre gegenteilige Entsprechung in der „Paradieses-Helle“ (253) der himmlischen Sphärenharmonie.

Himmel und Hölle

Figurenkonstellation

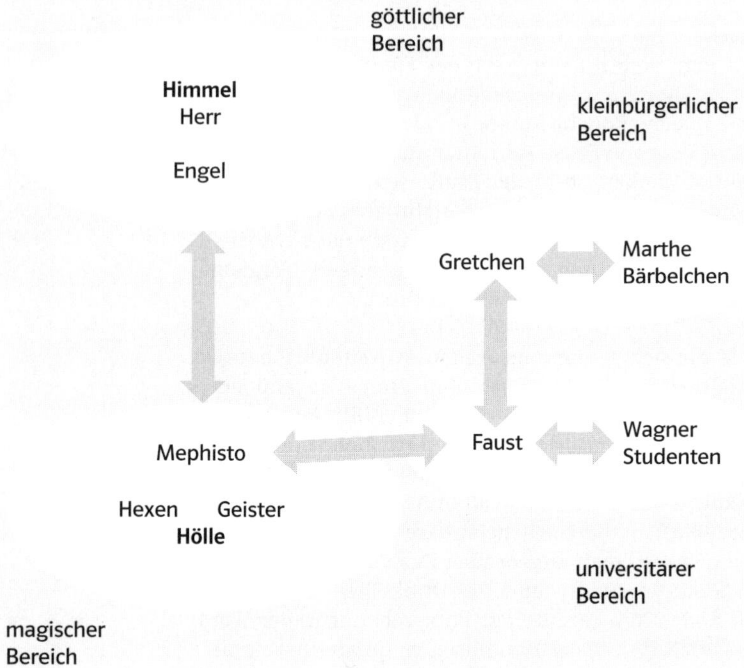

Faust und Wagner

Innerhalb des universitären Bereichs wird Faust durch Wagner und die Studenten schärfer konturiert. Wagner als „trockne[r] Schleicher“ (521), der am liebsten in verstaubten Quellen studiert, ist als Kontrastfigur zu dem nach ganzheitlicher, originärer Erfahrung strebenden Faust angelegt. Seiner Skepsis gegenüber „allem Rohen“ (944), also allen geselligen, sinnlichen Vergnügungen steht Fausts derbe „Liebeslust“ (1114) gegenüber. An dem Desinteresse des Schülers und der Studenten in „Auerbachs Keller“ zeigt Goethe das Gegenteil von Fausts dauerhaftem Erkenntnisstreben.

Faust und Gretchen

Natürlich steht Faust auch gegenüber Gretchen in einer kontrastiven Komposition. Er ist mit der Hölle im Bunde, während sie in der Kirche fest verankert ist. Faust formuliert ihre Widersprüchlichkeit mit eigenen Worten in der Szene „Wald und Höhle“:

> Bin ich der Flüchtling nicht? der Unbehauste?
> Der Unmensch ohne Zweck und Ruh?
> Der wie ein Wassersturz von Fels zu Felsen brauste
> Begierig wütend nach dem Abgrund zu.
> Und seitwärts sie, mit kindlich dumpfen Sinnen,
> Im Hüttchen auf dem kleinen Alpenfeld,
> Und all ihr häusliches Beginnen
> Umfangen in der kleinen Welt. (3348–3355)

Sie ist als friedfertiger Ruhepol gegenüber dem rastlos strebenden Gelehrten konzipiert, dessen gewalttätige Metaphorik sein äußeres Handeln widerspiegelt.

Innerhalb ihrer kleinbürgerlichen Welt spiegelt bzw. kontrastiert Goethe Gretchen in zwei Figuren. Marthe Schwerdtlein fungiert als Gegenfigur zum liebenden Gretchen. Sie ist eine überaus sinnliche Frau, die ihr Mann auf dem „Stroh" (2868), also im Ehebett allein gelassen hat. Ohne zu zögern, wirft sie sich Mephisto an den Hals. Die beiden kontrastieren als altes Paar das junge Glück von Faust und Gretchen in der Szene „Garten". Bärbelchen hingegen wirkt wie ein Spiegel für Gretchen. An ihr zeigt Goethe in der Szene „Am Brunnen", was Gretchen noch bevorsteht: das Gerede und die gesellschaftliche Ausgrenzung.

Gretchen und Marthe

Gretchen und Bärbelchen

Komplementäre Szenen und unterschiedliche Perspektiven auf das Geschehen

Die spiegelbildliche Zuordnung lässt sich auch im Hinblick auf die Anordnung von Szenen beobachten. An dieser Stelle sei nur knapp an den anfänglichen Wechsel von Tag und Nacht erinnert. Die Helligkeit der himmlischen Szene im „Prolog" weicht der Dunkelheit der nächtlichen Dramatik in Fausts Studierzimmer. Die dortige depressive Stimmung wird erneut durch die heitere Atmosphäre des Ostersonntags in der Szene „Vor dem Tor" kontrastiert. Die inneruniversitären Gelehrtengespräche finden ihre Entsprechung in den studentischen Geselligkeitsritualen in „Auerbachs Keller". Beispielhaft soll die Spiegelbildlichkeit von Szenen an zwei besonders markanten Szenenkomplexen dargestellt werden.

Wechsel von Tag- und Nacht-Szenen

„Wald und Höhle" und „Gretchens Stube"

Besonders deutlich lässt sich dies zunächst an den Szenen „Wald und Höhle" und „Gretchens Stube" aufzeigen. Die beiden Szenen stehen am Wendepunkt der Gretchenhandlung. Bis hier schreitet die Handlung in verschiedenen Dialogkonstellationen voran. Nun präsentiert Goethe die beiden Liebenden allein und zeigt, wie sie die augenblickliche Situation beurteilen. Faust ringt sich in der Szene „Wald und Höhle" letztendlich zur Triebbefriedigung durch, während Gretchen weitgehend von quälender Unruhe zerfressen wird, die auf ihre aufrichtige Liebe hindeutet. Bei Theateraufführungen werden diese beiden komplementären Szenen nicht selten zeitlich parallel gespielt, um die Tatsache, dass sie aufeinander bezogen sind, noch stärker hervorzuheben.

Gesellschaftliche Außenperspektive: „Am Brunnen", „Nacht" und Gretchens Binnensicht: „Zwinger", „Dom"

Mindestens genauso offensichtlich ist die spiegelförmig angelegte Komposition der Szenen „Am Brunnen", „Zwinger", „Nacht" und „Dom". Binnen- und Außenperspektive auf Gretchens Schicksal wechseln einander ab. Der Szenenkomplex beginnt mit der gesellschaftlichen Außenperspektive „Am Brunnen". Lieschen macht Gretchen am Beispiel von Bärbelchen unmissverständlich deutlich, was sie als ledige Mutter zu erwarten hat. Das Ende der Szene leitet über zu Gretchens Binnensicht, die im Gebet der „Zwinger"-Szene dargestellt wird. Verzweiflung spricht aus ihren Worten, die zu einer gereimten einheitlichen sprachlichen Versform nicht mehr zusammengebunden werden können. In der Valentin-Szene vor Gretchens Tür kommt erneut die gesellschaftliche Perspektive zum Tragen. Valentin ist selbst ernannter Sprecher der gesellschaftlichen Moral und verurteilt seine Schwester öffentlich. Sein Ausspruch macht sie zur ausgestoßenen Hure. Im „Dom" zeigt sich, wie Gretchen auf diesen immer stärker werdenden gesellschaftlichen Druck reagiert. Es meldet sich ihr schlechtes Gewissen, dass sie nur die Verdammung hören lässt, nicht aber die tröstenden Worte des Chores. Ihre Ohnmacht symbolisiert, dass sie dem Druck nicht mehr gewachsen ist.

Leitmotive

KURZINFO

Dualistisches Gesamtkonzept

- Wie bei den Figuren und Szenen spielt Goethe auch im Hinblick auf die Leitmotive mit Gegensatzpaaren, die aufeinander bezogen sind.
- Enge und Weite stehen als Pole in einem zentralen kompositorischen Wechselspiel.
- Verbunden damit sind die gegensätzlich konzipierten Leitmotive Körper und Geist, Schwerkraft und Schwerelosigkeit, Staub und Quelle.
- Weitere wichtige Motive sind Teil und Ganzes sowie Liebe und Sinnlichkeit.

Enge und Weite

Enge und Weite als zentrales Gegensatzpaar

Goethe variiert das Motiv von Enge und Weite beinahe in jeder Szene. Nicht selten sind Szenen so auch einander zugeordnet. Der Unbegrenztheit der himmlischen Sphäre setzt der Autor Fausts beengtes Studierzimmer in der Szene „Nacht" entgegen. Die Raumsymbolik seines „Kerker[s]" (398) spiegelt die Begrenztheit des Wissens wider, unter der Faust leidet. Innerhalb des sich entfaltenden Monodramas versucht der Renaissance-Gelehrte diese Enge mehrfach zu durchbrechen. Er kontrastiert seinen Erkenntnisstau, der durch verstaubte Bücherhaufen und alte Instrumente verursacht ist, mit dem Erfahrungspotenzial der weiten Natur:

Begrenzter Raum und eingeschränktes Wissen

Weite der Natur

> Ach! könnt ich doch auf Bergeshöhn,
> In deinem lieben Lichte gehn,
> Um Bergeshöhle mit Geistern schweben,
> Auf Wiesen in deinem Dämmer weben,
> Von allem Wissensqualm entladen
> In deinem Tau gesund mich baden!
>
> Weh! steck ich in dem Kerker noch? (392–398)

So schnell kann sich Faust freilich nicht aus seiner begrenzten Gelehrtenexistenz lösen, so dass er nicht in die Natur flieht, sondern stattdessen zunächst erneut zu einem Buch als Befreiungsversuch greift. Doch nicht nur in der Begegnung mit dem Makrokosmos, sondern auch in der Szene mit dem Erdgeist wird deutlich, dass er die menschliche Beschränktheit nicht aufheben kann. Der Titan bleibt Mensch und wird von den Göttern zurückgewiesen. Mit dem Abbruch der Selbstmordgedanken scheitert auch der letzte Entgrenzungsversuch.

Scheitern der Entgrenzungsversuche

Öffnung in Szene „Vor dem Tor"

Die bedrückende Enge des Studierzimmers wird in der Gelehrtentragödie nur ein einziges Mal gesprengt. Die Szene „Vor dem Tor“ zeigt eine erstmalige Öffnung der Handlung und nimmt motivisch Fausts spätere Weltfahrt vorweg. Doch noch einmal kehrt Faust in die alte Begrenztheit zurück. Nur dort kann er sich mit Mephisto verbünden, bevor es in die „kleine, dann die große Welt“ (2052) geht. Die Tendenz der Ausweitung ist deutlich. Die große Welt der globalen Gelüste und Machtansprüche, in der Raum und Zeit aufgehoben sind, wird allerdings erst im zweiten Teil der Tragödie entfaltet.

Flucht aus der kleinbürgerlichen Beschränktheit in die Natur

Mit „Auerbachs Keller“ beginnt die Weltfahrt, die in der dämonischen Sphäre der „Hexenküche“ ihre zunächst größte Amplitude erfährt. In der Gretchentragödie stagniert Fausts Drang in die Ferne. Um über seine Situation nachzudenken, flieht er in der Szene „Wald und Höhle“ aber schließlich in die freie Natur, deren Weite freilich durch die Schutz gebende Höhle eingeschränkt und konterkariert wird. Er kehrt zurück in die kleinbürgerliche Welt Gretchens, in der er aber trotz Liebeserlebnis keine Erfüllung findet. Der entscheidende Ausbruch findet in der „Walpurgisnacht“ statt. Der Weite des symbolischen Raumes entspricht die Schrankenlosigkeit des Vergnügens. Die persönlichen Verbindungen der bürgerlichen Welt sind aufgehoben und durch ein grenzenloses Lustprinzip ersetzt worden. Von hier gibt es für Faust kein Zurück mehr. Sein Versuch, Gretchen zu befreien, ist nur ein temporäres Wiedereintauchen in die kleine Welt der beschränkten Normen. Es ist lediglich das letzte Aufbäumen Fausts, um sein Gewissen zu beruhigen.

Parallel zu Faust beginnt Gretchens dargestellter Weg in einer Situation der Begrenztheit. Bei ihr ist es die ständische Gesellschaft mit ihren strengen Verhaltensregeln und religiösen Erwartungen. Faust verwendet bezeichnenderweise in der Beschreibung ihres Zimmers die Metaphorik des Kerkers, mit der er schon seine eigene Situation beschrieben hatte.

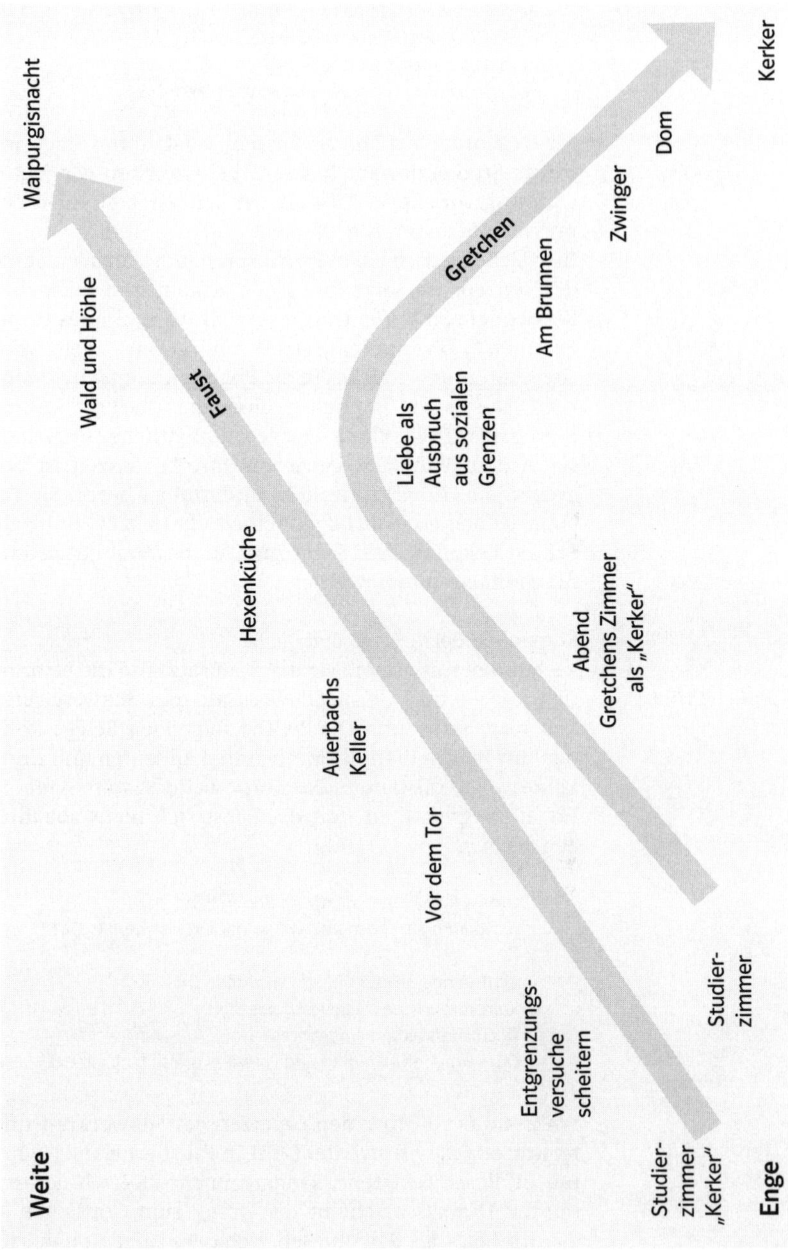
Weite
Enge
Studier-
zimmer
„Kerker"
Entgrenzungs-
versuche
scheitern
Studier-
zimmer
Vor dem Tor
Auerbachs
Keller
Hexenküche
Faust
Wald und Höhle
Walpurgisnacht
Abend
Gretchens Zimmer
als „Kerker"
Liebe als
Ausbruch
aus sozialen
Grenzen
Gretchen
Am Brunnen
Zwinger
Dom
Kerker

> Wie atmet rings Gefühl der Stille,
> Der Ordnung, der Zufriedenheit!
> In dieser Armut welche Fülle!
> In diesem Kerker welche Seligkeit! (2691–2694)

Im Gegensatz zur ungeordneten, verstaubten Enge in Fausts Studierzimmer herrscht bei Gretchen gepflegte Ordnung. Ihr „Kerker" ist ein Ort der Seligkeit, nicht depressiver Selbstmordgedanken.
Ihre Liebe zu dem edlen Herrn sprengt die sozialen Standesgrenzen. Sie setzt ihre Liebe absolut und muss die Konsequenzen dafür tragen. Der Szenenkomplex „Am Brunnen", „Zwinger", „Nacht" und „Dom" zeigt, wie Gretchen immer stärker in die Enge gedrängt wird, während Faust seine Freiheit genießt. Im „Kerker" kulminiert diese Entwicklung. Der gesellschaftliche Druck hat sie in den Wahnsinn getrieben. Ihre Lebenszeit ist begrenzt, die Hinrichtung steht unmittelbar bevor. Sie erlangt jedoch eine sittliche Freiheit, da sie sich zu ihrer Schuld bekennt. Ihre Seele kann in die Weite des Himmels aufgenommen werden.

Gretchen wird in die Enge getrieben

Körper und Geist, Staub und Quelle

Körper und Geist

Verbunden mit diesem Grundgegensatz sind die Leitmotive Körper und Geist, Schwerkraft und Schwerelosigkeit bzw. Staub und Quelle. Die folgenden Belege können nur beispielhaft die Motivketten andeuten und sind keineswegs vollständig. Das Körperliche ist stets Symbol für die Begrenztheit, mit der Faust sich nicht abzufinden vermag:

> O dass kein Flügel mich vom Boden hebt,
> Ihr [der Sonne] nach und immer nach zu streben! (1074 f.)
> […]
> Ach! zu des Geistes Flügeln wird so leicht
> Kein körperlicher Flügel sich gesellen.
> Doch ist es jedem eingeboren,
> Dass sein Gefühl hinauf und vorwärts dringt […]. (1091 ff.)

Fliegen und Schweben – geistige Schwerelosigkeit

Während der Körper den Gesetzen der Schwerkraft unterworfen ist, will sich der Geist in Faust erheben. Nicht nur in dieser Textstelle, sondern in der Bildwelt des gesamten Dramas erscheint der Drang zum Göttlichen – das Streben – als der Wunsch, sich dem Licht zu nähern bzw. zu fliegen oder zu schweben. Das Licht ist stets der göttlichen Sphäre zugeordnet. Es ist die Quelle, der Ursprung. Im Gegensatz dazu steht Mephisto für die Finsternis.

Licht und Finsternis

> Ich bin ein Teil des Teils, der anfangs alles war,
> Ein Teil der Finsternis, die sich das Licht gebar,
> Das stolze Licht, das nun der Mutter Nacht
> Den alten Rang, den Raum ihr streitig macht,
> Und doch gelingt's ihm nicht, da es, so viel es strebt,
> Verhaftet an den Körpern klebt.
> Von Körpern strömt's, die Körper macht es schön,
> Ein Körper hemmt's auf seinem Gange [...]. (1349 ff.).

Die Bodenhaftung und Beschränktheit des menschlichen Körpers wird leitmotivisch durch den Staub ausgedrückt. Schon zu Beginn lässt Goethe Fausts Bücherhaufen, die ihm den Blick auf die wahre Erkenntnis verstellen, als verstaubt beschreiben. Später fühlt sich der Gelehrte tatsächlich „[d]em Wurme gleich [...], der den Staub durchwühlt" (654).

Staub steht jedoch nicht nur als Materielles und Schmutziges dem schwerelosen Licht gegenüber. Er ist auch als trockenes Element ein Kontrapunkt zum Fließenden, also Quelle, Strom und Meer. So steht Mephistos Plan, Faust „Staub [...] fressen" (334) zu lassen, im komplementären Zusammenhang mit der Erlaubnis des Herrn, dass er dessen „Geist von seinem Urquell" (324) abziehen dürfe. Das Schauspiel des Makrokosmos veranlasst Faust zu der für ihn zentralen Frage: „Wo fass ich dich, unendliche Natur? / Euch Brüste, wo? Ihr Quellen alles Lebens" (455 f.).

Staub bzw. Trockenheit versus Quelle, Strom, Meer

Der „trockne Schleicher" (521) Wagner, der seinen Erkenntnisdurst durch alte Pergamente zu stillen versucht, wird nach Auffassung Fausts dort keinen „heil'ge[n] Bronnen" (566) finden, solang es ihm nicht „aus eigner Seele quillt" (569). Sein Sehnen nach des „Lebens Bächen, / Ach! nach des Lebens Quelle" (1200 f.) wird freilich ebenfalls nicht erfüllt. Anklagend formuliert er im Studierzimmer, „warum muss der Strom so bald versiegen" (1212).

Die durchgehend antithetische Komposition der Leitmotive lässt eine weitgehende Zuordnung der Gegensatz-

Liebe und Sinnlichkeit

paare zur göttlichen und mephistophelischen Welt zu (vgl. Sudau, S. 149). Darin eingeschlossen ist auch die bei Faust zu findende Ambivalenz zwischen einer himmlischen aufrichtigen Liebe und dem triebgesteuerten Wunsch nach einem sexuellen Erlebnis.

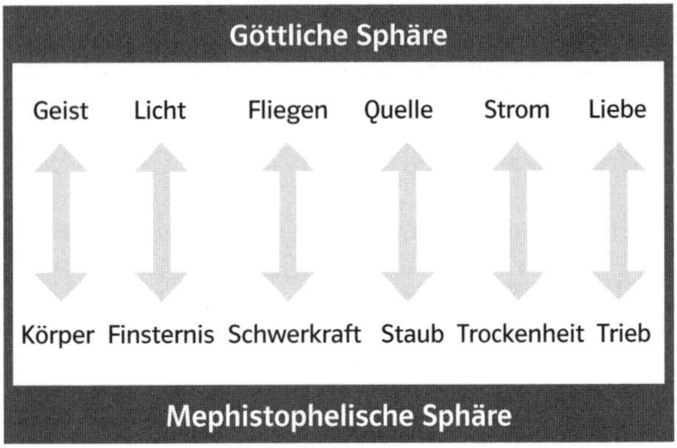

Teil und Ganzes

Ein weiteres wichtiges Leitmotivpaar kontrastiert das Ganze und dessen Teile. Faust ist auf der Suche nach dem Urprinzip, das die „Welt / Im Innersten zusammenhält“ (382 f.). Er hat alle Teildisziplinen der universitären Welt studiert, doch es mangelt ihm an ganzheitlichen Zusammenhängen.

Wissenschaftliche Teildisziplinen und ganzheitliche Erkenntnis

Schon bei der Beschwörung des Makrokosmos wird deutlich, dass das ganzheitliche Streben ein göttlicher Erkenntnisanspruch ist. In der übernatürlichen Erscheinung erlebt der enttäuschte Gelehrte die ersehnte Harmonie:

> Wie alles sich zum Ganzen webt,
> Eins in dem andern wirkt und lebt!
> Wie Himmelskräfte auf und nieder steigen
> Und sich die goldnen Eimer reichen!
> Mit segenduftenden Schwingen
> Vom Himmel durch die Erde dringen,
> Harmonisch all' das All durchklingen! (447–453)

Die göttliche Schöpfung ist ohne Zweifel durch eine solche Ganzheitlichkeit geprägt. Streben und Irren gehören ebenso dazu wie Geburt und Tod, Kreation und Zerstörung. Die Paare sind im Grunde nur zwei Seiten derselben Medaille, aufeinander bezogene Pole im ewigen Wechselspiel. Selbst der Teufel gehört zum Schöpfungsplan. Er sorgt dafür, dass das menschliche Streben nicht erlahmt. So stellt sich Mephisto Faust gegenüber durchaus richtig vor:

Ganzheitlichkeit der göttlichen Schöpfung

Ein Teil von jener Kraft,
Die stets das Böse will und stets das Gute schafft. (1335 f.)

Die erste Begegnung zwischen Faust und Mephisto im „Studierzimmer“ ist voll spielerischen Sprachwitzes mit diesem Motiv. Mephisto selbst sieht nur einen Teil in Faust. Seinem Menschenbild entsprechend setzt er auf sinnliche Triebbefriedigung, ohne zu ahnen, dass die doppelte Seelenstruktur seines Gegenübers dadurch niemals befriedigt werden kann. Als Teil der Schöpfung sieht er das Ganze nicht.

Mephisto als Teil der Schöpfung erkennt nicht das Ganze

Wort und Gefühl

Ein letzter Motivkomplex kreist um die antithetische Verwendung von Wort und Gefühl. Faust entpuppt sich als entschiedener Verächter des geschriebenen Wortes. Schon im Gespräch mit Wagner, dem unkritischen Buchgelehrten, wird offensichtlich, dass Faust der wissenschaftlichen Tradition sein Gefühl entgegensetzt. Bei der Übersetzung der biblischen Offenbarung mag er dann „das W o r t so hoch unmöglich schätzen“ (1226), dass es den Anfang von allem bilden soll. Schließlich verspottet er Mephisto, der die Bedingungen der Wette gern niedergeschrieben hätte. Faust garantiert die Vertragserfüllung auf der Grundlage seiner Unzufriedenheit.

Faust als Verächter des geschriebenen Wortes

Stellt sich der Teufel in dieser Szene noch als Pedant im Sinne einer Buchstabengläubigkeit dar, so zeigt er sich im Schülergespräch ebenfalls verächtlich gegenüber dem Wort. Der Schüler würde nach dem Studieren erkennen, dass der Professor „nichts sagt, als was im Buche steht“ (1961). Mit viel Ironie rät er in Bezug auf die Theologie:

Mephistos ironische Wort-Spiele

> Am besten ist's auch hier, wenn Ihr nur Einen hört,
> Und auf des Meisters Worte schwört.
> Im Ganzen – haltet Euch an Worte!
> Dann geht Ihr durch die sichre Pforte
> Zum Tempel der Gewissheit ein.
> […]
> Denn eben wo Begriffe fehlen,
> Da stellt ein Wort zur rechten Zeit sich ein.
> Mit Worten lässt sich trefflich streiten,
> Mit Worten ein System bereiten,
> An Worte lässt sich trefflich glauben,
> Von einem Wort lässt sich kein Jota rauben. (1988–2000)

Worte als Instrument der Verschleierung

Worte dienen wie in diesen Ausführungen zur Verschleierung. Auch Faust hat sich solcher Strategien gegenüber Studenten bedient, wenn er sie „an der Nase herum" (363) geführt, ihnen vorgegaukelt hat, er wüsste alles.
Im Verlauf der Gretchentragödie wird er abermals zum Lügner. So legt er in Bezug auf den Tod von Marthes Mann einen Meineid ab. Gegenüber Gretchen suggeriert er mit Worten Liebe. Seine Formulierung, „er liebt dich" (3185) ist jedoch nur ein Echo von Gretchens Liebeserklärung und verschleiert die Wahrheit.

Absolutsetzung des Gefühls

Nicht zuletzt im Religionsgespräch verdeckt eine wortgewaltige Rhetorik, dass Faust der Glaube fehlt. Es ist abermals das Gefühl, das er dem Wortglauben Gretchens antithetisch entgegensetzt.

> Nenn's Glück! Herz! Liebe! Gott!
> Ich habe keinen Namen
> Dafür! Gefühl ist alles;
> Name ist Schall und Rauch […]. (3454 ff.)

All diese aufeinander bezogenen Motive und die durchgängig antithetische Gestaltung der Szenen und Figuren halten das Drama im Innersten zusammen. Die doppelte Wette verhindert, dass die Handlung in eine Reihe von Szenen auseinanderfällt.

Die doppelte Wette als Handlungsmotor

KURZINFO

Zwei Wetten, die nicht gewonnen werden können

- Im „Prolog im Himmel" steht die Wette im Kontext konkurrierender Menschenbilder, deren Gültigkeit an Faust exemplifiziert werden soll.
- Auf Grund des göttlichen Entelechie-Konzepts kann Mephisto die Wette nicht gewinnen.
- Auf dem Tiefpunkt der menschlichen Existenz bietet Mephisto dem Gelehrten einen klassischen Teufelspakt an. Faust wandelt den Pakt jedoch in eine Wette um.
- Da der Teufel Fausts Zwei-Seelen-Problematik nicht erfasst, ist er auch bei dieser Wette chancenlos.
- Beide Wetten bleiben am Ende von „Faust I" offen. Erst am Ende des zweiten Teils wird Faust erlöst.

Die Prolog-Wette

Mephisto und sein Wettangebot setzen die Handlung der Tragödie in Gang. Hintergrund ist sein unterschiedliches Menschenbild gegenüber dem Herrn. Nach dem göttlichen Schöpfungsplan gehören Streben und Irren, Schaffen und Zerstören zum Wesen des Menschen. Der Mensch trägt jedoch das Gute in sich. Das ist das Prinzip der Entelechie, welches der Herr mit seiner Gärtner-Metapher verdeutlicht.

Entelechie

> Weiß doch der Gärtner, wenn das Bäumchen grünt,
> Dass Blüt und Frucht die künft'gen Jahre zieren. (310f.)

Auf dieser Grundlage wird der Mensch am Ende erlöst. Für Mephisto ist diese Heilsgewissheit nicht gegeben. Der Mensch fällt nach dem Teufel nur auf sich selbst zurück. Er möchte an Faust, den der Herr als Repräsentanten des Menschengeschlechts ins Spiel gebracht hat, seine Perspektive belegen.

Faust als Beleg unterschiedlicher Menschenbilder

Selbstgefällig nimmt der Herr die Wette an, weiß er doch, dass Mephisto nicht gewinnen kann. Der Teufel dürfe Faust auf seiner Straße hinabführen, wenn er ihn „erfassen" (325) – also verstehen – könne. Gerade dies ist jedoch in Bezug auf Faust nicht der Fall. Schon jetzt warnt ihn daher der Herr, dass er irgendwann beschämt bekennen müsse, dass er verloren habe, da sich ein guter Mensch des rechten Wegs stets bewusst sei.

Mephisto kann Wette nicht gewinnen

Ungleiche Machtverhältnisse

Mephisto glaubt sich dem Herrn ebenbürtig, doch die Machtverhältnisse und Funktionszuweisungen des „Prologs“ sprechen eine andere Sprache. Der Teufel muss nicht nur um „Erlaubnis“ (313) fragen, sondern darf auch nur frei erscheinen, wie der Herr bestimmt. Nicht zuletzt scheint er nicht wahrnehmen zu wollen, dass er innerhalb der Schöpfung kein allmächtiger Gegenpol ist, sondern nur eine zugewiesene Funktion erfüllt. Er verhindert lediglich, dass das menschliche Streben ermattet.

Rahmenhandlung als wichtige Klammer für gesamte Fausthandlung

Die himmlische Rahmenhandlung gerät schnell in Vergessenheit. Der Zuschauer bleibt daher nicht unbefriedigt zurück, wenn er am Ende der Vorstellung nichts mehr davon hört. Die Prolog-Wette dient jedoch als wichtige Klammer für beide Teile der Tragödie, da sie am Ende von „Faust II“ wieder aufgegriffen wird.

Die Wette zwischen Faust und Mephisto

Motor der Binnenhandlung

Tradition des klassischen Teufelspakts

Auf Erden wird schließlich – gleichsam als Motor der Binnenhandlung – eine zweite Wette geknüpft. Auf dem Tiefpunkt von Fausts Existenzkrise, als er sein ganzes Leben verflucht, bietet ihm Mephisto einen klassischen mittelalterlichen Teufelspakt an, der in der Tradition der Faustsage steht. Nach seinen Vorstellungen hätte sich Mephisto zu Lebzeiten Fausts als Knecht zur Verfügung gestellt. Nach dem Tod des Gelehrten sollte dieser dann auf ewig Mephisto in der Hölle dienen. Mit der Annahme dieser Vertragsbedingungen hätte der Goethe’sche Faust freilich von vornherein verloren. Der Wendepunkt des Dienstverhältnisses wäre nur eine Frage der Zeit gewesen. Faust hätte seine Seele an den Teufel verkauft, ohne je aus dem Vertrag aussteigen zu können. Der Titan ist jedoch davon überzeugt, dass ihm Mephisto nichts bieten kann, was sein immerwährendes Streben befriedigen könnte. Er bietet deshalb sogar die Verkürzung seines Lebens als Wetteinsatz, wenn es dem Teufel gelingen sollte, ihm auch nur einen Moment des Glücks zu verschaffen.

Fausts Wetteinsatz

Werd ich beruhigt je mich auf ein Faulbett legen;
So sei es gleich um mich getan!
Kannst du mich schmeichelnd je belügen
Dass ich mir selbst gefallen mag,
Kannst du mich mit Genuss betriegen;

Das sei für mich der letzte Tag!
Die Wette biet ich! (1692–1698)

Wette statt Pakt

Die Wette löst den Pakt ab, ersetzt ihn durch ein dynamisches Element. Kommt der Moment des Glücks nicht zustande, so ist Faust auch nicht zu einem Dienst im Jenseits verpflichtet. Entgegen seiner Bestimmung aus dem „Prolog" versucht Mephisto seinen Wettpartner zu einem Augenblick des Genusses zu verführen, der sein Streben beendet. Faust wettet darauf, dass er sein Leben lang nicht zur Ruhe kommen wird. Er ist bereit, sich dem „Taumel" (1766) der sinnlichen Leidenschaften hinzugeben, doch Erfüllung sucht er nicht. Auch in dieser Wette geht es also um das Streben des Menschen, wenn auch unter umgekehrten Vorzeichen.

Mephisto kann Fausts Problematik nicht erfassen

Mephisto kann Fausts Zwei-Seelen-Problematik jedoch nicht richtig erfassen, wie schon im „Prolog" angedeutet wurde. Faust lebt in der Spannung zwischen zwei Polen. Die Verabsolutierung der einen Seele muss schnell zum Überdruss führen. Der Versuch, ihn in „Auerbachs Keller" zum Moment des Glücks zu verführen, wirkt geradezu lächerlich. Doch auch das Verhältnis mit Gretchen muss nach der Verfluchung der bürgerlichen Existenz, von Liebe, Hoffnung, Glaube und Geduld (vgl. 1587 ff.), Episode bleiben.

Auch zweite Wette bleibt in „Faust I" offen

Auch diese Wette bleibt am Ende des ersten Teils der Tragödie offen, da Faust den entscheidenden Moment noch nicht erlebt hat. Mephisto muss zu immer extremeren Angeboten greifen. Doch weder entfesselte noch idealtypische Sexualität, weder politischer Einfluss noch globale Macht mögen Faust befriedigen.

Erst ganz am Schluss von „Faust II" werden beide Wetten entschieden. Faust wird gemäß der Heilsgewissheit des Herrn aus seinem Irren erlöst (vgl. 11934 ff.).

Sprache

KURZINFO

Versmaß als atmosphärischer, emotionaler und sozialer Indikator

- Goethe hält sich nicht strikt an vorgegebene metrische Schemata, sondern passt diese situativ an. Stets haben die Muster eine Funktion.
- Der Knittelvers hat eine altdeutsche Anmutung. Es ist das zentrale Versmaß für die Studenten, Gretchen und Valentin.
- Mit ihrer Entfremdung von sich selbst passt sich Gretchen auch sprachlich Fausts Madrigalversen an. Am Ende, wenn extreme Verzweiflung sich Ausdruck verschafft, spricht sie in freien Rhythmen. Auch die Liedformen verändern sich im Verlauf der Handlung und spiegeln damit Gretchens innere Befindlichkeit.
- Die freien Verse Mephistos unterstützen seine Scharfzüngigkeit, indem sie eine pointierte Zuspitzung ermöglichen.
- Die Szene „Trüber Tag. Feld" ist die einzige Prosaszene des Werkes. Alle anderen Szenen sind in Versen abgefasst.

Dominanz von Knittel- bzw. Madrigalversen und freien Rhythmen

Goethes „Faust" spielt nicht nur virtuos mit den Bauformen des europäischen Theaters, sondern auch mit dessen metrischen Mustern. Im ersten Teil der Tragödie dominieren jedoch drei Versmaße, die stets funktional eingesetzt werden: Knittelverse, Madrigalverse und freie Rhythmen. Goethe erweist sich zu keiner Zeit als pedantischer Silbenzähler. Vielmehr sind die Übergänge zwischen den Versmaßen fließend, so dass sie sich den jeweiligen Verwendungszwecken anpassen.

Knittelvers verweist auf Umbruchszeit vom Mittelalter zur Neuzeit

Der Knittelvers – ein paargereimter, vierhebiger Vers mit beliebiger Senkung – prägte die Dichtung des 15. und 16. Jahrhunderts. Er ist unter anderem in den populären Fastnachtsspielen von Hans Sachs anzutreffen. Die historische Konnotation verweist auf die Umbruchszeit vom Mittelalter zur Neuzeit, in der Faust lebte. Der berühmte Anfangsmonolog Fausts verortet ihn auf diese Weise in diese Zeit.

> Da stéh' ich nún, ich ármer Tór!
> Und bín so klúg als wíe zuvór (358 f.).

Altdeutsche, biedere Anmutung des Knittelverses

Goethe verwendet Knittelverse vor allem, wenn „etwas Altdeutsches und Biederes, etwas Kerniges und Derblustiges“ (Sudau, S. 158) gezeigt werden soll. So lässt er beispielsweise die Altsemester in „Auerbachs Keller“ in diesem Versmaß sprechen. Vierheber stehen dabei neben fünfhebigen Versen:

Derbheit der Studenten

> Ihr seid ja heut wie nasses Stroh,
> Und brennt sonst immer lichterloh.
> Das liegt an dir; du bringst ja nichts herbei,
> Nicht eine Dummheit, keine Sauerei. (2075–2078)

Sprache entlarvt Valentin

Auch Valentins selbstgerechte Äußerungen (vgl. 3620–3649) sind in Knittelversen verfasst. Seine Sprache entlarvt ihn von vornherein als konservativen Biedermann, der sich im Glanz seiner unbescholtenen Schwester sonnt.

Knittelverse als Ausdruck von Gretchens Schlichtheit und Natürlichkeit

Bei Ausnutzung der entsprechenden Senkungsfreiheit ist der Knittelvers ein einfach, holprig, naiv und volkstümlich klingendes Versmaß. In seiner Schlichtheit ist er das passende Ausdrucksmittel für die Natürlichkeit der sittlich reinen Gretchen-Figur.

> Ich gäb was drum, wenn ich nur wüsst
> Wer heut der Herr gewesen ist! (2678 f.)

Wechsel des Versmaßes als Zeichen der Entfremdung

Als sie sich in dem Moment, in dem sie das erste Kästchen findet, der Versuchung des sozialen Aufstiegs hingibt, wechselt Goethe das Versmaß (vgl. 2783 ff.). Der Verwendung des Madrigalverses – freies Versmaß mit unterschiedlicher Hebungszahl und wechselnden Reimschemata – ist eine Anpassung an Fausts weltläufigen Sprachstil. Für Gretchen ist es jedoch eine Entfremdung von sich selbst. Beinahe gekünstelt wirken Wortwahl und Sprache in „Marthens Garten“, wenn sie durchgängig in gestelzten Madrigalversen parliert.

> Inkommodiert Euch nicht! Wie könnt Ihr sie nur küssen?
> Sie ist so garstig, ist so rauh!

Was hab ich nicht schon alles schaffen müssen!
Die Mutter ist gar zu genau. (3081–3084)

Freie Rhythmen spiegeln emotionale Extremlage

In der Verzweiflung am Ende der Tragödie lässt sich ihre Seelennot nicht mehr in streng rhythmisierten und gereimten Versen ausdrücken. Freie Rhythmen in unterschiedlicher Länge, die neben gereimten Versen stehen, spiegeln sprachlich ihre emotionale Extremlage.

Wandel der Liedformen

Die Liedformen weisen eine ähnliche Entwicklung auf. Der volksliedartige Ton des „König von Thule" entspricht den Knittelversen der kindlich-frommen Margarete. Ihr „Lied am Spinnrad" ist viel komplizierter in der Komposition und trägt bereits Züge des verzweifelten, in freien Versen sprechenden Gretchens. Das Gebet im „Zwinger" und das abgewandelte Lied aus dem „Märchen von dem Machandelboom" im „Kerker", die beide unregelmäßig aufgebaut sind, vollenden diesen Verlauf.

Freie Rhythmen im Moment der Begeisterung

Auch Fausts Seelenlage drückt sich in veränderten Versmaßen aus. Deuten die unregelmäßig gestalteten Knittelverse bereits auf seine innere Unruhe hin, so lässt Goethe seinen Protagonisten im Überschwang der Begeisterung in freien Rhythmen sprechen. Die Leidenschaft lässt sich nicht in begrenzende Versfüße pressen.

Misshör mich nicht, du holdes Angesicht!
Wer darf ihn nennen?
Und wer bekennen:
Ich glaub ihn. (3431–3434)

Blankvers im feierlichen, getragenen Moment

Demgegenüber spricht er in Blankversen – reimlose fünfhebige Jamben – im Moment der Erhabenheit. Der regelmäßige Vers ist der Hauptvers des klassischen deutschen Dramas und wirkt getragen bzw. ernst. Daher verwendet ihn Faust nur ein einziges Mal, nämlich in seinem Dank an den Erdgeist in der Szene „Wald und Höhle" (vgl. 3217 ff.).

Wenn bei ihm die Seele sich in extremster Weise Luft verschaffen muss, sind seine Aussagen nicht mehr versifiziert. Die Szene „Trüber Tag. Feld" ist die einzige Prosaszene der Tragödie. Sie stammt noch aus der Textschicht des „Urfaust". Goethe wollte die Ungeheuerlichkeit des Inhalts nicht durch Reime dämpfen. So wirkt die Anklage Fausts zu Beginn umso drängender.

Prosa im extremen Augenblick der Anklage

> Im Elend! Verzweifelnd! Erbärmlich auf der Erde lange verirrt und nun gefangen! Als Missetäterin im Kerker zu entsetzlichen Qualen eingesperrt das holde unselige Geschöpf! Bis dahin! dahin! – Verräterischer, nichtswürdiger Geist, und das hast du mir verheimlicht!

Mephistos Eloquenz schließlich beruht auf den freien Madrigalversen. Nur dieses flexiblere Versmaß vermag seine Scharfzüngigkeit zu erzielen. Der saloppe, ironische Plauderton wird dabei häufig auf eine Pointe zugespitzt. So ist es kein Wunder, dass es seine Verse sind, an die man sich am meisten erinnert.

Mephistos Eloquenz beruht auf Madrigalversen

Goethe und der Fauststoff

Vom historischen Faust zur literarischen Figur

KURZINFO

Georg Faust: Weissager, Astrologe und Magier

- Die Quellenlage zum historischen Faust ist dürftig. Er dürfte um 1480 in Knittlingen geboren und in Staufen im Jahre 1540 bei einem alchemistischen Versuch ums Leben gekommen sein.
- Er selbst gibt sich als Weissager, Astrologe und Magier aus. Der Legende nach soll er seine Seele an den Teufel verkauft haben.
- Das Interesse an dem grenzüberschreitenden Mann ist groß. Das Buch „Historia von D. Johann Fausten" wird zum Bestseller.
- Christopher Marlowe und Gotthold Ephraim Lessing nehmen sich des Stoffes an und machen aus dem abschreckenden Beispiel eine tragische Gestalt.
- Über Wanderbühnen und Puppenspiele, die die Faustgeschichte auf populäre Weise unter das Volk bringen, lernt Goethe den Stoff kennen.

Lebenslauf des historischen Faust kaum rekonstruierbar

Die spärlichen Quellen lassen kaum eine Rekonstruktion des Lebenslaufs des historischen Faust zu. Weitgehend gesichert gilt, dass ein Georg Faust um 1480 im württembergischen Knittlingen geboren wurde. Sein unstetes Leben führte ihn über Würzburg, Erfurt, Ingolstadt, Bamberg und Nürnberg. Die spätere literarische Verarbeitung der „Historia von D. Johann Fausten" (1587) lässt ihn in Krakau, Wittenberg und den oben genannten Orten Medizin, Astrologie, Alchemie und Magie studieren, obwohl nicht bewiesen ist, ob er überhaupt einen akademischen Grad besaß. Er selbst stellte sich als „Magister Georgius Sabellicus Faustus iunior" vor. Der Zuname „Faustus" bezeichnet in der lateinischen Sprache einen ‚Glücksbringer' und ist für jemanden, der mit Horoskopen auf den Marktplätzen sein Geld verdiente, als Empfehlung zu verstehen. Seine angeblichen Versprechen, er könne Tote beschwören, das Schicksal aus der Hand lesen oder sogar die Wunder Christi wiederholen, dürften ihn schon zu Lebzeiten in den Verdacht geraten lassen, mit dem Teufel im Bunde zu sein. 1540 starb er im badischen Staufen bei einer Explosion in seinem Labor, der Legende nach bei dem Versuch, Gold herzustellen.

Fausts Selbstdarstellung

Faust im Kreis der Renaissance-Magier

Nach diesem dürren Gerüst könnte er in den Kreis der Renaissance-Gelehrten wie z. B. Heinrich Cornelius Agrippa von Nettesheim gehören, von dem Goethe vermutlich den Vornamen für seine Figur genommen hat. Dieser elitäre Kreis bewegte sich mit der Hinwendung zur Magie außerhalb des kirchlich gestützten Weltbildes. Sie leiteten nicht mehr alles aus der christlichen Überlieferung ab, sondern wandten sich der empirischen Überprüfung zu. Die Magie muss in diesem Zusammenhang als eine Vorform der modernen Naturwissenschaften verstanden werden, die aber den Obrigkeiten suspekt war. Allein die Infragestellung des bisher Geglaubten brachte Vertretern dieses neuen Denkens wie Paracelsus, Nostradamus, Bacon und Galilei den Ruf der Teufelsbündnerei ein.
Mit diesem Gemisch aus Wahrheiten und Gerüchten war der Stoff für die Faustlegende geboren. Kernbestandteil war der Teufelspakt. Die Überschreitung der kirchlich gesetzten Grenzen machte Faust zudem zu einem Prototypen des neuen Menschen an der Schwelle zur Neuzeit, der weit über seine Zeit hinaus Leser und Zuschauer fesseln konnte.

Legendenbildung: Bund mit dem Teufel

Traditionsbildung durch das Volksbuch von 1587

Das Volksbuch „Historia von D. Johann Fausten“ fixiert die Legende erstmalig und prägt damit jede weitere Überlieferung. Bereits im Erscheinungsjahr wird es viermal neu aufgelegt. Weitere Nachdrucke folgen ebenso wie Neubearbeitungen bis hin zu der Version eines anonymen „Christlich Meynenden“ im Jahre 1725. All diese Geschichten wurden nicht als Fiktion, sondern als geschichtliche Wahrheit von den Menschen aufgefasst. In der Tradition des Volksbuchs wird Faust zum abschreckenden Beispiel, zur Warnfigur, da die Einlassung mit dem Teufel unweigerlich in den Untergang führen musste. Es ist belegt, dass Goethe diese Tradition gekannt und für seine Konzeption verwendet hat.

Bühnenbearbeitungen beginnend mit Marlowe

Parallel zu diesem Überlieferungsstrang gibt es eine literarische Linie, die den Stoff für die Bühne aufbereitet. Am Beginn dieser Entwicklung steht Christopher Marlowe (1564–1593), ein Konkurrent und Zeitgenosse Shakespeares. Dieser fügte der Überlieferungstradition das nächtliche Selbstgespräch im Studierzimmer hinzu.

Bei ihm wird Faust erstmalig zur tragischen Gestalt. Faust wandelt sich „vom moralischen Exempel eines verführten Teufelsbündners zur tragischen Figur eines Titanen“ (Sudau, S. 16), der sich zur Gottgleichheit aufschwingt und dessen Hybris ihn zu Fall bringt.

Wanderbühnen und Puppentheater

Marlowes Tragödie ist Grundlage für die Wanderbühnen und Puppentheatervorstellungen der Faustsage, die Goethe bereits als Kind auf den Jahrmärkten kennenlernt.

Aufwertung durch Lessing

Mit Lessings unvollendetem „Faust“-Projekt erfährt die Tradition eine entscheidende Wendung. Im Zeitalter der Aufklärung konnte der Wissensdurst des Gelehrten nicht so negativ wie bisher beurteilt werden. Lessing wertet deshalb den Titan zu einem Liebling der Gottheit auf. Er übernimmt aus den Puppenspielen ein außerweltliches Vorspiel, das allerdings in der Hölle spielt.

Parallelen von Lessing und Goethe

Dort wird Faust – wie später bei Goethe – als eine Art Prüfstein der Weltordnung ins Spiel gebracht. Es ist unklar, ob Goethe diese Pläne gekannt hat, doch sprechen die Parallelen durchaus dafür.

Goethes Veränderungen der Fausttradition

Goethe fasst die Überlieferungstradition jedoch nicht nur zusammen, sondern verändert sie abermals entscheidend. Zum einen psychologisiert er den Teufel, der als Figur im frühen 19. Jahrhundert kaum mehr überzeugen konnte. Darüber hinaus ersetzt er die statische Konzeption des Teufelspakts durch das dynamische Element der Wette. Goethes wesentlichster Beitrag zur Faustsage ist allerdings dessen Verknüpfung mit der Gretchentragödie.

Entstehung des goetheschen Dramenkomplexes

KURZINFO

„Faust" als Lebenswerk Goethes

- Goethe hat sich in mehreren Arbeitsphasen über sechzig Jahre lang mit der Faustgeschichte beschäftigt.
- Im „Urfaust", der in Prosa verfassten ersten Textschicht, ist die Handlung noch bruchstückhaft. Gelehrten- und Gretchentragödie stehen unverbunden nebeneinander.
- Im „Fragment" ersetzt Goethe die Sturm-und-Drang-Prosa durch Verse.
- Auf Schillers Anregung erweitert Goethe die individuelle Problematik Fausts ins Grundsätzliche. Faust wird Repräsentant der Menschheit. Entscheidende Lücken werden geschlossen. Neu konzipiert eröffnet der dreifache Rahmen den ersten Teil der Tragödie im Jahre 1808.
- Knapp zwanzig Jahre später nimmt Goethe 1825 die Arbeiten am zweiten Teil wieder auf. „Faust II" wird erst nach seinem Tod 1832 veröffentlicht.

Selten ist die Entstehungsgeschichte eines literarischen Werkes so gut dokumentiert wie bei Goethes „Faust". Dies liegt neben den Tagebuchaufzeichnungen und Briefen des Autors vor allem daran, dass mehrere Textschichten im Verlauf des Entstehungsprozesses veröffentlicht wurden.

Die älteste Schicht ist die des „Urfaust", deren Existenz die Forschung einer Abschrift einer Weimarer Hofdame aus dem Jahre 1775 verdankt. Diese wurde erst mehr als einhundert Jahre später zufällig entdeckt.

Defizite des „Urfaust"

In dieser ersten Fassung finden sich wichtige Einzelbilder der späteren Endfassung, die jedoch noch weitgehend zusammenhangslos stehen bleiben. Es fehlt noch Fausts Zwei-Seelen-Tragik. Kernproblem des Anfangs ist darüber hinaus das unvermittelte und unmotivierte Auftreten Mephistos vor dem Schülergespräch. Von beiden Wetten ist noch nichts zu lesen. Die Gretchentragödie ist in ihren Grundzügen bereits zu erkennen, doch es fehlt die Verknüpfung zur Problematik des Gelehrten.

Prosastil des Sturm und Drang

Markantes Merkmal dieser Erstfassung ist der Prosastil, der die sprachliche Ausdrucksform seiner Entstehungszeit, des Sturm und Drang, war.

Über zehn Jahre lässt Goethe das Werk ruhen. Als er die Arbeit nach 1786 wieder aufnimmt, hat er sich zum Klassiker gewandelt. Die sprachlich-stilistische Form-

Versifikation der Szenen im „Fragment"

vollendung hat Priorität vor der inhaltlichen Konzeption. Die Szenen werden für die Herausgabe des „Fragments" im Jahre 1790 versifiziert und geglättet. Nicht in Verse gesetzte Szenen werden gestrichen (z.B. „Trüber Tag. Feld", „Kerker"), so dass die Gretchentragödie bereits im „Dom" endet. Dafür werden die „Hexenküche" und die Szene „Wald und Höhle" eingefügt.

„Faust I": Thematische Ausweitung zur Menschheitstragödie

„Prolog im Himmel" und „Walpurgisnacht" kommen hinzu

Während der abermals folgenden jahrelangen Arbeitsunterbrechung gerät Goethe immer mehr in Distanz zu seiner grenzüberschreitenden Sturm-und-Drang-Figur. Es ist vor allem Friedrich Schiller zu verdanken, dass Goethe nach 1797 sich erneut an die Arbeit machte, um den „Faust" zu vollenden. Auf Schillers Anraten wird die individuelle Lebensproblematik des Titanen endgültig zur Tragödie der Menschheit. Voraussetzung dafür ist die neu geschaffene dreifache Eröffnung, insbesondere der „Prolog im Himmel". Gegenpol der himmlischen Eröffnung wird die erst jetzt hinzukommende „Walpurgisnacht". Die Zwei-Seelen-Problematik wird schärfer herausgearbeitet. In der Gretchentragödie wird die Szene „Kerker" versifiziert. Nicht zuletzt wird Gretchen am Ende gerettet. Im Jahre 1808 findet die Arbeit mit der Veröffentlichung von „Faust I" einen vorläufigen Abschluss.

„Faust II"

Während der Vorbereitungen auf das „Fragment", stärker noch im Zusammenhang mit „Faust I", entstehen Überlegungen zum zweiten Teil. Deutlichster Hinweis ist der Vorgriff auf Helena in der „Hexenküche". Aber auch die himmlische Rahmenhandlung einschließlich der Wette weist von Beginn an über den ersten Teil der Tragödie hinaus. Abermals vergehen jedoch Jahrzehnte, bis sich der 76-Jährige noch einmal aufrafft, den zweiten Teil zu vollenden. In den Jahren zwischen 1825 und 1831 schreibt Goethe den größten Teil von „Faust II", hält ihn aber bis zu seinem Tod unter Verschluss, so dass er erst 1832 veröffentlicht wurde.

Das Drama zwischen Sturm und Drang und Klassik

KURZINFO

Das unklassische klassische Werk

- Aufgrund der komplexen Entstehungsgeschichte sind Einflüsse verschiedener literarischer Epochen in „Faust I" zu erkennen.
- Die Melancholie des Titanen Faust und die Gretchentragödie entstehen in der Epoche des Sturm und Drang.
- Als klassisch ist die allgemein gültige Menschheitsproblematik zu bezeichnen. Auch die gebundene Verssprache gehört in diesen Zusammenhang.

Es mag im ersten Moment überraschen, dass das größte Werk der deutschen Klassik in wesentlichen Teilen unklassisch ist. Dies liegt jedoch in seiner langen Entstehungsgeschichte begründet, in deren Verlauf sich literarische Modethemen, Figurenkonzeptionen und sprachliche Idealvorstellungen grundlegend wandelten.

Sturm und Drang (1767–1785)

Der Sturm und Drang (1767–1785) war eine äußerst sozialkritische Epoche, die sich gegen die gesellschaftspolitischen Missstände der absolutistischen Ständegesellschaft auflehnte. Die jungen Wilden, sich erst etablierende Autoren wie Goethe und Schiller, schrieben gegen jedwede Konvention an. Prägend für die Bewegung war die Absolutsetzung des leidenschaftlichen Gefühls, mit dem sie sich von der rationalistischen Aufklärung abgrenzten. Der Einzelne, der sich gegen die bestehenden Verhältnisse stellte, wurde positiv in den Vordergrund gestellt. In diesem Sinn war der Sturm und Drang eine Epoche, die einen ausgeprägten Geniekult entwickelte. Die Lichtgestalt, an dem sich die Autoren orientierten, war Prometheus. Diese antike mythische Figur hatte der Sage nach die Grenzen des Menschseins aufheben und sich göttergleich machen wollen.

Geniekult

Prometheus als Vorbild

Faust als titanischer Prometheus

Goethes „Urfaust" entspricht dem Geschmack dieser Zeit. Faust ist jener titanische Prometheus an der Schwelle zur Neuzeit. Auch er strebt eine vollkommene Entgrenzung an, da er sich den Göttern ebenbürtig sieht. Er sehnt sich nach göttlicher Erkenntnis, weil ihn die menschlichen Wissensbestände nicht befriedigen. Emotionaler Ausdruck für dieses Sehnen ist die für diese Epoche typische Melancholie des Protagonisten. Ohne Zweifel setzt Faust sich und sein Gefühl absolut. In seiner Radikalität verlässt er nicht nur urplötzlich die Universität, sondern geht über Leichen. Gretchen und ihre Familie sind nur seine ersten Opfer. Gretchens Gefühle sind ihm egal, sein Ego verlangt Triebbefriedigung, wohl wissend, dass das Gretchen in den Untergang führen wird. Auch in Form und Thematik der Gretchentragödie spiegelt sich der Geist der Zeit. Ein Lieblingsthema der Stürmer und Dränger war die ständeübergreifende Liebe, die an den gesellschaftlichen Schranken zerbricht. Faust hat durchaus etwas von den Zügen des adligen Verführers, doch ist die Ständeproblematik deutlich zurückgedrängt worden. Geblieben ist das bürgerliche Trauerspiel mit dem Modethema dieser Jahre, dem Kindsmord. Wie auch bei Goethes Gretchen ist in den literarischen Texten stets die Gesellschaft schuld an der Tragödie. Die kirchlich-gesellschaftlichen Stigmatisierungen mit ihren menschenunwürdigen Ausgrenzungsritualen bringen die unschuldige ledige Mutter zu dieser Verzweiflungstat.

Modethemen: ständeübergreifende Liebe und Kindsmord

Nicht zuletzt ist die offene Dramenform des „Urfaust“, die auch noch in „Faust I“ bestimmend ist, auf die literarische Epoche zurückzuführen. Die Stürmer und Dränger lehnten die aristotelischen Dramenkonventionen mit ihrem starren Fünf-Akte-Schema als einengend ab. Stattdessen setzten sie auf dramaturgisch wirkungsvolle Stationen bzw. Einzelszenen. Bezüglich der Auflösung der Einheit von Ort und Zeit orientierten sie sich an Shakespeares Dramen.
Sprachliche Gestaltungsform der Dramatik dieser Jahre war die kraftstrotzende Prosa. Die Emotionalität des Ausdrucks ließ sich nicht in rhythmisierte Verse einbinden. Ursprünglich waren daher alle Szenen des „Urfaust“ in diesem Stil verfasst. Im „Faust I“ ist davon nur noch die Szene „Trüber Tag. Feld“ geblieben.

Prosastil in „Trüber Tag. Feld“

Weimarer Klassik (1786–1805)

Dass Goethe sich vom Sturm und Drang abwandte und sich zu einem Hauptvertreter der deutschen Klassik (1786–1805) wandelte, hängt mit biographischen und gesellschaftspolitischen Entwicklungen zusammen. Grundsätzlich wurde die Klassik von der Wiederentdeckung der griechischen Antike geprägt. Johann Joachim Winckelmann, der Begründer der modernen Archäologie und Kunstwissenschaft, brachte seit Mitte des 18. Jahrhunderts die Idealität der Proportionen in der Architektur und bildenden Kunst des klassischen Griechenlands einem gelehrten Publikum vor Augen. Goethes Bild wurde jedoch nicht nur durch die Winckelmann-Rezeption geformt, sondern auch durch seine mehrjährige italienische Reise. Dort entdeckt er ab 1786 persönlich die Mustergültigkeit des Altertums. Besonders die Formstrenge der Bauten, aber auch der antiken Dramen beeindrucken ihn.

Wiederentdeckung der griechischen Antike

Goethes italienische Reise

Entscheidend für die Abkehr vom Pathos des Sturm und Drang waren aber sicher die politischen Entwicklungen in Frankreich. Der junge Goethe hatte sich als Schriftsteller für die Ideale der Aufklärung ausgesprochen und eine gesellschaftspolitische Veränderung gutgeheißen. Die Französische Revolution zeigte jedoch, was aus den Forderungen nach Freiheit und Gleichheit in der Praxis werden konnte. Die Terrorherrschaft der Jakobiner beendete den Traum der jungen Wilden. Der reife Goethe, der zugleich Staatsmann war, wandte sich entsetzt von der ungebändigten Herrschaft des Volkes ab. Im Hinblick auf sein schriftstellerisches Arbeiten bedeutete dies, dass er von sozialkritischen Themen abließ. Stattdessen beschäftigte er sich mit dem Idealtypischen, dem Wesenhaften des Menschen fernab von jeder Tagespolitik. Insofern verwundert es nicht, dass in der klassischen, letzten Schaffensphase vor der Veröffentlichung von „Faust I“ die Thematik ins Grundsätzliche erweitert wurde. Faust ist nicht mehr nur der individuelle Titan, nun wird er durch die Rahmenhandlung zum Repräsentanten der Menschheit. In sprachlicher Hinsicht bedeutete der Einfluss des klassischen Denkens die weitgehende Versifikation der Tragödie.

Schrecken der Französischen Revolution

Wie bei den dramatischen Bauformen und den sprachlichen Mustern, deren Komplexität gängige Kategorisierungen sprengt, sperrt sich das Werk gegen eine einfache Einordnung in eine literarische Epoche. Goethe hat in allen Aspekten der Tragödie verstreute Teile der europäischen Kunst zusammengesetzt und ein großes Ganzes daraus geschaffen.

Rezeption

KURZINFO

Literarische Bedeutung einer umstrittenen Figur

- Goethes „Faust" gilt als das bedeutendste Werk der deutschen Literatur.
- Im 19. und frühen 20. Jahrhundert wurde die Faustfigur einseitig positiv bewertet. Faust galt als Inbegriff des modernen, sich befreienden Menschen. Das Faustische wurde als deutscher Wesenszug idealisiert und missbraucht.
- Seit Mitte des 20. Jahrhunderts wird er eher kritisch gesehen, da das zerstörerische Element betont wird.
- Die Aktualität des strebenden und irrenden Menschen, der über Leichen geht, ist ungebrochen.

Inspiration für Autoren, Musiker und Künstler

Über die Bedeutung von Goethes „Faust" kann man nur in Superlativen sprechen. Reclam eröffnete mit „Faust I" 1867 seine Universalbibliothek und machte ihn damit einem breiten Publikum zugänglich. Kein anderes Werk hat so viele Künstler inspiriert wie dieses Lebenswerk des vermutlich größten deutschen Dichters. Keine Geringeren als Heinrich Heine, Thomas Mann und Bertolt Brecht haben sich mit dem Text auseinandergesetzt. Es gibt zahllose kompositorische Annäherungsversuche. Unzählige Illustrationen, Plastiken, Verfilmungen und Parodien sind in den vergangenen 200 Jahren entstanden.

Gründgens als Mephisto

Peter Steins „Faust"-Projekt im Jahre 2000

Bedeutung in der Alltagssprache

Meilensteine der jüngeren Rezeption waren sicherlich die später verfilmte Inszenierung mit Gustav Gründgens in der Rolle des Mephisto (1960). Niemand hat so wie Gründgens seit Generationen das Mephisto-Bild geprägt. Großes Aufsehen erregte auch die Dramatisierung von Peter Stein im Rahmen der Expo 2000. Nach zehnjähriger Vorbereitungszeit brachte er in einer 21 Stunden dauernden Aufführung beide Teile der Tragödie ungekürzt auf die Bühne. Darüber hinaus ist kein Werk in der gegenwärtigen Alltagssprache so präsent wie „Faust". Zitate wie „des Pudels Kern" oder Begrifflichkeiten wie die Gretchenfrage haben Sprichwortcharakter. Bis in die Werbung haben es Faust-Anleihen wie „Hier bin ich Mensch, hier kauf ich ein" geschafft.

Freilich ist das Werk im Verlauf der Rezeptionsgeschichte auch missverstanden bzw. sogar missbraucht worden. Im 19. Jahrhundert wurde der Protagonist als Inbegriff des modernen, sich aus den Zwängen seiner Zeit befreienden Menschen verstanden. Im nationalistisch aufgeheizten Deutschland der Kaiserzeit wurde das Faustische zu einem deutschen Wesenszug deklariert. „Titanismus und Teutonismus“ (Sudau, S. 176) verschmolzen. Faust wurde zum Repräsentanten eines Grenzen sprengenden Sendungsbewusstseins. Schlimmer noch war die Inanspruchnahme des Werkes durch die Nationalsozialisten. Goebbels ließ literarisch verbrämt verlauten, dass er nur ein Buch in der Tasche trage: den Faust. Hier erreichte die positive Deutung des Protagonisten ihren Höhepunkt. Fausts Landaneignung im zweiten Teil passte nur allzu gut in die Weltanschauung der Machthaber, in der sie vom Lebensraum im Osten träumten.

Missbrauch der Faustfigur im Kaiserreich und Nationalsozialismus

Mit der Katastrophe des verlorenen Krieges musste die Figur entmythologisiert werden. Das bislang ausgeblendete Destruktive in Faust und sein Scheitern wurden nun betont. Die negativen von Mephisto beförderten Seiten werfen seitdem ein eher kritisches Bild auf den egozentrischen Gelehrten.

Entmythologisierung nach dem Zweiten Weltkrieg

Woran aber liegt die ungebrochene Anziehungskraft dieses Werkes? Möchte man hinter das Geheimnis der Popularität kommen, muss man einen Blick auf die kunstvolle Verwobenheit der Handlungslinien, die Funktionalität der sprachlichen Mittel und die mit Leitmotiven durchkomponierte Architektonik des Textes werfen. Nur so erschließt sich seine außergewöhnliche Qualität.

Ungebrochene Anziehungskraft

Nicht zuletzt hat Goethe mit der Problematik Fausts, eines über seine Grenzen hinaus strebenden Menschen, der zur Verwirklichung seiner Ziele über Leichen geht, eine bis in unsere Tage geltende, überzeitliche Thematik formuliert. Bezieht man den zweiten Teil der Tragödie mit ein, so ist der Mensch, der sich die Umwelt untertan macht und als „Global Player“ ein Weltunternehmen steuern möchte, eines der zentralen Themen unserer Zeit. Das Streben und Scheitern wirft daher in der Tat Fragen weit über unsere Gegenwart hinaus auf.

Aktualität des Themas

3 Schnellcheck

Übersicht 1: Die himmlische Rahmenhandlung

Übersicht 2: Fausts Lebenskrise

Übersicht 3: Faust und Mephisto

Übersicht 4: Margarete/Gretchen

Übersicht 5: Komposition des Dramas

Übersicht 6: Themen

Übersicht 7: Versformen

Übersicht 8: Merkmale verschiedener literarischer Epochen

Übersicht 1: Die himmlische Rahmenhandlung

„Prolog im Himmel"

Herr

Mephisto

gegensätzliche Menschenbilder

Menschenbild der Aufklärung: Der vernunftgesteuerte Mensch ist von Natur aus gut; „er irrt, so lang er strebt."

Mensch als triebgesteuertes Tier

Wettstreit um Faust als Prüfstein der göttlichen Ordnung

Allmacht des Herrn

ungleiche Konkurrenz

Eingeschränkte Funktion des Teufels im Rahmen des göttlichen Schöpfungsplans: Mephisto soll Menschen zum Streben anstacheln. Er kann die Wette daher nicht gewinnen.

Wer kann die Wette für sich entscheiden?

Verführungsversuche Mephistos scheitern.

Entscheidung in der Szene „Kerker"

Läuterung Gretchens durch Anerkennung ihrer Schuld
→ Bestätigung der am Menschenbild der Aufklärung orientierten Auffassung des Herrn
→ Rettung von Gretchens Seele

Flucht Fausts aus dem Kerker

Die Wette ist am Ende von „Faust I" noch offen; erst am Ende von „Faust II" wird Faust erlöst und gerettet.

Übersicht 2: Fausts Lebenskrise

**„Zwei Seelen, wohnen, ach! in meiner Brust,
Die eine will sich von der andern trennen“ (V. 1112 f.)**

Spannungsverhältnis droht Faust zu zerreißen

unstillbares Streben nach göttlichem Wissen

- Faust leidet unter der Enge des mittelalterlichen Wissenschaftsbetriebs.
- Er empfindet sich als eine den Göttern gleiche Ausnahmeerscheinung, kann jedoch die Grenzen des Menschseins nicht überwinden.
- Studium sämtlicher verfügbarer Wissensbestände lässt ihn nicht erkennen, „was die Welt im Innersten zusammenhält“.

Sehnsucht nach sinnlichem Erlebnis und/oder nach Liebe

- emotionale Defizite durch frühen Verlust der Mutter
- keine Erfahrung mit Frauen; rein männliches Umfeld an der Universität
- Triebstau

Folgen

- tiefe Depression
- Entgrenzungsversuche

→ Hinwendung zur Magie
→ konkrete Suizidgedanken

Anfälligkeit für den Pakt mit dem Teufel

Gretchenhandlung: Schwanken zwischen Liebe und sexueller Befriedigung

Übersicht 3: Faust und Mephisto

Handlungsebene

„Studierzimmer I"

- Mephisto entpuppt sich als des „Pudels Kern".
- Seine eigene Vorstellung als machtvoller Herr der Finsternis steht im Widerspruch zu seiner vorgegebenen Rolle und der Tatsache, dass ein ungenaues Pentagramm ihn am Verlassen des Zimmers hindert.
- Faust bietet ihm einen Pakt an, den der Teufel aber ablehnt.

„Studierzimmer II"

- Tiefpunkt Fausts: nihilistische Verfluchung seiner eigenen Existenz als Voraussetzung für das Bündnis mit dem Teufel.
- Faust wettet, dass es Mephisto nicht gelingen wird, ihm zu einem Moment des Glücks zu verhelfen.

„Auerbachs Keller in Leipzig" / „Hexenküche"

- Seinem Menschenbild entsprechend versucht Mephisto den Gelehrten bei seinen niederen Instinkten zu packen.
- Der plumpe Versuch, Faust durch die alkoholbedingte Geselligkeit der Studenten zu verführen, scheitert kläglich.
- Verjüngung Fausts in der „Hexenküche": Ein Zaubertrank lässt ihn „Helenen in jedem Weibe erblicken" (V. 2604).

„Straße" / „Wald und Höhle"

- „Straße": Mephisto spielt die Rolle des Moralapostels, als Faust von ihm verlangt, ihm Gretchen ins Bett zu schaffen; er zögert das Treffen hinaus, um Fausts Begierde zu steigern.
- „Wald und Höhle": Mephistos Sticheleien befördern Fausts verhängnisvolle Entscheidung, Gretchen dem Verderben preiszugeben. Faust weist jegliche Verantwortung von sich und gibt dem Teufel die Schuld.

„Walpurgisnacht"

- Der entscheidende Versuch Mephistos, Faust durch die entfesselte orgiastische Sexualität zu verführen, scheitert an dessen Gretchenvision.

Deutungsebene

- Faust und Mephisto als antithetische Figuration eines inneren Prozesses.
- Sie sind dramaturgisches Mittel, um eine gespaltene Persönlichkeit darzustellen, die mit sich selbst ringt.

Übersicht 4: Margarete/Gretchen

Goethe verwendet unterschiedliche Regienamen für seine Protagonistin, um ihre Entwicklung zu veranschaulichen.

Margarete

Vorbilder:

- Heiligenlegenden
- Kindsmörderin Susanna Margaretha Brandt

Margarete ist das folgsame Kind:

- fromm,
- naiv, aber mit guter Intuition
- Gegenspielerin des Teufels
- verfällt sozialen Aufstiegsphantasien, ausgelöst durch Fausts Anrede/Schmuckkästchen
- Prozess der Selbstentfremdung (vgl. ihre Sprache)

Blumenorakel: Spiel mit dem Zerrupfen der Sternblume verweist auf Verlust der Jungfräulichkeit bzw. im Folgenden auf die Zerstörung von Gretchens Existenz.

Gretchen

- Gretchen (ab „Gretchens Stube") ist die sinnliche, liebende Frau.
- Innere Widerstände gibt sie schnell auf; nur noch äußere Schwierigkeiten (z. B. Religion, Kontrolle der Mutter) sind zu überwinden.
- Mit ihrer Entscheidung für Faust begibt sie sich ins gesellschaftliche Abseits und in zunehmende Isolation.

Margarete

- Wandlung zur gereiften, starken Margarete im „Kerker"
- Innere Läuterung, indem sie ihre Schuld (Verantwortung für Tod der Mutter, des Bruders, ihres Kindes) akzeptiert

Übersicht 5: Komposition des Dramas

Was das Drama „im Innersten zusammenhält": Gegensätze ziehen sich an

konkurrierende Bereiche:
Himmel ↔ Hölle
gegensätzliche Menschenbilder

antithetische Figurenkonstellation:
Faust ↔ Mephisto
Mephisto ↔ Herr
Margarete ↔ Marte
Faust ↔ Wagner

konträre Leitmotive:
Liebe ↔ Trieb
Strom ↔ Trockenheit
Quelle ↔ Staub
Licht ↔ Finsternis
Fliegen ↔ Schwerkraft
Enge ↔ Weite
Wort ↔ Gefühl
Teil ↔ Ganzes

Kontrastierung von Szenen:
„Nacht" ↔ „Vor dem Tor"
„Gretchens Stube" ↔ „Wald und Höhle"
„Am Brunnen"/„Nacht" ↔ „Zwinger"

Übersicht 6: Themen

Universitäts-satire	• Wagner als lächerliches Zerrbild eines Wissenschaftlers • Mephistos Studienberatung: ironische Darstellung der universitären Methoden und Inhalte des Spätmittelalters und der Goethezeit • groteskes Verhalten der Studenten in „Auerbachs Keller"
Kritik an der Gesellschaft des 18. Jahrhunderts:	• Kindsmordproblematik: Sympathie für bürgerliche ledige Mütter, die aus Angst vor gesellschaftlicher Stigmatisierung ihr Kind töten • Geißelung der sozialen Normen und Kontrollmechanismen • Anklage gegenüber der Pervertierung des Freiheitsgedankens in der Französischen Revolution
Irren und Streben	• Faust als Repräsentant der Menschheit • Streben ist zwangsläufig mit Irrtümern verbunden • Heilsversprechen eines gütigen Gottes
Zwei-Seelen-Problematik	• Spannungsfeld, das Faust zu zerreißen droht • zeitloses existenzielles Problem, widersprüchliche Eigenschaften und Ziele auszuhalten

Übersicht 7: Versformen

Versform	**Knittelverse**	**Madrigalverse**	**Freie Rhythmen**	**Lieder**
Kenn-zeichen	altdeutscher, vierhebiger Vers in Paarreimen	Vers mit freier Hebungszahl und wechselnden Reimen	reimlose Zeilen mit unterschiedlicher Länge, dennoch spürbar rhythmisiert	
Faust	Zeitliche Verortung am Ende des Mittelalters	Sozialer Indikator; Welterfahrung, gesellschaft-liche Stellung	in Momenten der Begeisterung	
Beispiel	„Nacht“: V. 354 ff.	„Garten“: V. 3079 f.	„Marthens Garten“: V. 3435 ff.	
Gretchen	Ausdruck ihrer Schlichtheit und Natürlichkeit	Gestelzte Anpassung an Fausts Sprachstil; Signal der Selbstentfremdung	in Momenten extremer Emotionalität	als Spiegel ihrer Seele, Mittel zur Reflexion und Zeichen ihrer inneren Wandlung
Beispiel	„Straße“: V. 2607 f.	„Garten“: V. 3081 ff.	„Kerker“: V. 4491 ff.	
Mephisto		Möglichkeit zur Pointierung seiner scharfzüngigen Aussagen		
Beispiel		„Der Nachbarin Haus“: V. 2914 ff.		
andere	• Studenten: Derbheit und Einfältigkeit; • Valentin: Entlarvung als Biedermann			

Übersicht 8: Merkmale verschiedener literarischer Epochen

Aufgrund von Goethes knapp 60-jähriger Beschäftigung mit dem Fauststoff sind Kennzeichen unterschiedlicher Epochen nachweisbar.

Epoche	Epochenmerkmale	Fassung
Sturm und Drang (1765–1785)	• Faust als Titan, der die Grenzen seiner Zeit sprengen will • Gretchentragödie: Kindsmord aus Verzweiflung als Modethema • Sprache: kraftstrotzende Prosa als unmittelbarer Gefühlsausdruck • Struktur: Aufhebung des aristotelischen Fünf-Akt-Schemas, Orientierung an • Shakespeare	„Urfaust" (1775)
Weimarer Klassik (1786–1805)	• Umwandlung einzelner Prosaszenen in gebundene Verse	„Fragment" (1790)
Weimarer Klassik (1786–1805)	• himmlische Rahmenhandlung („Prolog im Himmel") • Faust wandelt sich zum Repräsentanten der Menschheit (entspricht dem Menschenbild der Aufklärung) • durchgehende Versifikation (bis auf „Trüber Tag. Feld")	„Faust I" (1808)
		„Faust II" (1832)

4 Prüfungsaufgaben und Lösungen

1. Konkurrierende Menschenbilder (Literarische Erörterung)
2. Räume und ihre Symbolik (Literarische Erörterung)
3. Faust und Mephisto (Literarische Erörterung)
4. „Garten" – Komposition und Sprache (Textinterpretation)
5. „Wald und Höhle" und „Gretchens Stube" – Zur Komposition des Dramas (Textinterpretation)
6. Die Gretchenfrage – „Marthens Garten" (Textinterpretation)
7. Gesellschaftspanorama in „Faust I" (Literarische Erörterung)
8. Gretchens Charakter und ihre Erlösung im „Kerker" (Gestaltende Interpretation)

1. Konkurrierende Menschenbilder (Literarische Erörterung)

Aufgabenstellung

Arbeiten Sie aus dem „Prolog im Himmel" die unterschiedlichen Menschenbilder Mephistos und des Herrn heraus und erörtern Sie deren Bedeutung für das Drama.

Lösungvorschlag

Menschenbilder des „Prologs"

Das Menschenbild des Herrn bzw. Mephistos sind gegensätzlich angelegt.
Mephisto

- findet alles auf der Erde „schlecht" (296).
- Der Mensch muss sich „plagen" (298).
- Der Mensch meint, vernunftbegabt zu handeln (vgl. 285).
- In Wirklichkeit ist er aber „tierischer als jedes Tier" (286), d.h. triebhaft.
- Er kommt nicht voran und fällt immer nur auf sich selbst zurück (vgl. 288 ff.).

Herr

- Engel preisen die Vollkommenheit der Schöpfung. Alles ist so „herrlich wie am ersten Tag" (250).
- Grundannahme: Der Mensch ist gut. Daraus erfolgt ein Heilsversprechen des Herrn.
- „Es irrt der Mensch so lang er strebt" (317).
- „Ein guter Mensch in seinem dunkeln Drange / Ist sich des rechten Weges wohl bewusst" (328 f.).
- Infolge des Entelechie-Prinzips (vgl. Gärtner-Metapher, 310 f.) ist sich der Herr seiner Sache sicher.

Bedeutung für die gesamte Tragödie

- Faust als Repräsentant des strebenden und irrenden Menschen.
- Aus der Gegensätzlichkeit der Menschenbilder entsteht die Wette zwischen dem Herrn und Mephisto.
- Fausts Grundproblematik: „Zwei Seelen wohnen, ach! in meiner Brust" (1112), nämlich göttlicher Erkenntnisdrang und „Liebeslust" (1114). Dies ist die Angriffsfläche für den Teufel.
- Mephisto missversteht den nach Erkenntnis suchenden Faust. Er versucht, dessen niedere Instinkte anzusprechen, um ihm den Augenblick des Glücks zu verschaffen. Diese Strategie muss fehlschlagen.

- Erste Reisestation „Auerbachs Keller“: Die Studenten sind auf ihren animalischen Charakter reduziert, vgl. z. B. den Namen Frosch und ihre Anreden.
- Zweite Reisestation „Hexenküche“: Faust ist von Helenas Bild fasziniert.
- Durch einen Zaubertrank wird er verjüngt, so dass er als Liebhaber auftreten kann; der Trank bewirkt außerdem, dass er „Helenen in jedem Weibe“ (2604) sieht.

Gretchentragödie
- Grundsätzlich ist zu beobachten, dass Fausts Gefühle jedesmal umschlagen, wenn Mephisto auftritt. Mephisto versucht ständig, ihn auf die Ebene der Triebe herabzuziehen.
- Faust will Gretchen, das erstbeste Mädchen, das er sieht, besitzen; sein lustbetontes Verhalten befremdet selbst Mephisto („Straße“).
- Fausts triebhafte Begierde mischt sich jedoch im Verlauf der Handlung mit einer aufrichtigen Liebe („Abend“).
- „Wald und Höhle“: Faust muss sich schließlich zwischen der Lust und der himmlischen Liebe entscheiden. Von Mephisto angestachelt, wählt er das sinnliche Erlebnis, obwohl er weiß, dass dies Gretchens Untergang bedeutet.
- Bei aller aufrichtigen Liebe sehnt auch sie sich nach sinnlicher Erfüllung. Goethe zeigt dies in der Szene „Gretchens Stube“. Auffällig ist jedoch, dass die körperliche Ebene („Mein Busen drängt / Sich nach ihm hin“, 3406 f.) zurückgenommen ist. Im „Urfaust“ deutete der „Schoß“ stärker auf das sexuelle Erlebnis hin.
- Sie lässt sich auf die Liebesnacht ein, verabreicht ihrer Mutter aber ein tödlich wirkendes Schlafmittel („Marthens Garten“).
- In der „Walpurgisnacht“, dem Gegenpol zum „Prolog im Himmel“, scheint sich Mephistos Bild noch einmal zu bestätigen. Fast erliegt Faust der orgiastischen Sexualität des Hexentreibens, doch lebt er seinen Trieb nicht aus, weil ihm zuvor Gretchen erschienen ist.

Bestätigung des göttlichen Menschenbildes
- Erst als es zu spät ist, erkennt Gretchen im „Kerker“ ihre Schuld und übergibt sich dem Gericht Gottes. Dadurch wird sie vom Herrn gerettet.
- Die himmlische Rahmenhandlung schließt sich am Ende; Gretchen ist der erste erfolgreiche Testfall für das Menschenbild des Herrn, das sich in ihr bestätigt. Am Ende ist sie sich des rechten Wegs bewusst.
- Faust selbst erkennt erst am Ende des zweiten Teils der Tragödie seinen Irrtum (vgl. 11404 ff.). Daraufhin wird auch er erlöst (vgl. 11397).

2. Räume und ihre Symbolik (Literarische Erörterung)

Aufgabenstellung

Untersuchen Sie die Räume in „Faust I“ im Hinblick auf ihre Symbolik.

Lösungsvorschlag

Himmel versus „Hexenküche“ und „Walpurgisnacht“
Himmel und Hölle bzw. stellvertretend dafür das Hexenreich stehen in einem spannungsreichen Gegensatz.

Himmel
- geordnete Sphärenharmonie, Pracht und Helligkeit (vgl. 243–270).

„Hexenküche“
- dunkle Atmosphäre,
- verwirrendes Durcheinander (FAUST. Weh mir! ich werde schier verrückt. / MEPHISTIOHELES. Nun fängt mir an fast selbst der Kopf zu schwanken, 2456 f.),
- Flamme als unbändige Elementarkraft, die außer Kontrolle gerät.

„Walpurgisnacht“
- potenziert Tendenzen der „Hexenküche“: Natur im Fieberzustand; Tanz auf einem Vulkan (vgl. 3871–3955).
- Elementare Naturgewalten entsprechen naturgegebener Triebhaftigkeit, der Faust nachgeben soll.

Studierzimmer
Weite Teile der Gelehrtentragödie spielen in einem „hochgewölbten, engen, gotischen Zimmer“ (Regieanweisung „Nacht“).
- Die Enge symbolisiert Fausts Leiden unter der Begrenztheit seiner Existenz. Auf der Suche nach göttlicher Erkenntnis hat er alles Menschenmögliche getan. Sämtliche Wissensbereiche seiner Zeit hat er studiert, doch ist er seinem Ziel nicht näher gekommen.
- Die räumliche Begrenztheit wird noch dadurch verstärkt, dass das Zimmer mit „Gläsern, Büchsen […] / Instrumenten vollgepfropft“ (406 f.) ist. Verstaubte Bücher versperren den Blick auf das Wesentliche.
- Durch die hohe Wölbung des gotischen Zimmers wird der Blick des Betrachters automatisch nach oben, also gen Himmel gerichtet. Dies steht für Fausts Entgrenzungswunsch, den Göttern gleich zu sein.

- Die Angabe der gotischen Stilepoche verweist auf die Zeit des Mittelalters, aus der Faust ausbrechen will. Er ist ein Vertreter der Neuzeit, kann sich aber aus seinen Verhältnissen nicht lösen. Dies sieht man daran, dass er nicht in die Natur geht und auch nach dem Osterspaziergang wieder zurückkehrt.

Wechsel von offenen, geschlossenen, halb offenen und halb geschlossenen Räumen
Insgesamt lässt sich ein fast regelmäßiger Wechsel zwischen begrenzten und offenen Räumen ausmachen (vgl. z. B. „Am Brunnen", „Zwinger", „Nacht", „Dom", „Walpurgisnacht").
- Die geschlossenen Räume verwendet Goethe, wenn seine Figuren eingeengt bzw. der Situation ausgeliefert sind (z. B. „Studierzimmer", „Kerker", Gretchens Zimmer am „Abend" – in allen drei Szenen findet sich auch eine Kerker-Metaphorik).
- Halb geschlossene Räume (z. B. „Zwinger") stehen für die zunehmende Einengung.
- Halb offene Schauplätze (z. B. „Vor dem Tor", „Garten") verweisen auf Ausbruchsversuche, etwa den Wunsch, die bestehenden Verhältnisse oder sozialen Grenzen zu überwinden. In der Szene „Wald und Höhle" hat sich Faust in die Natur zurückgezogen, um über sich und seine Beziehung zu Gretchen nachzudenken. Möglicherweise ist er vor ihr geflohen.
- Offene Räume (z. B. „Walpurgisnacht") können Ungebundenheit symbolisieren.

Dieser Wechsel hängt auch mit Goethes Denken in Polaritäten zusammen. Enge und Weite sind grundlegende Pole des Dramas.

Garten
Der Garten hat in der Literatur stets die Konnotation des Paradieses, aus dem Adam und Eva vertrieben wurden. Es ist der Ort der Versuchung, der Verführung und des Sündenfalls.
- Im „Garten" betont Gretchen ihre Qualitäten als Hausfrau und Mutter und signalisiert damit ihre Heiratsbereitschaft.
- Durch das Blumenorakel bekennt sie Faust ihre Liebe.
- Faust und Gretchen küssen sich das erste Mal im „Gartenhäuschen", einem „Lusttempel" des 18. Jahrhunderts.
- In „Marthens Garten" verabreden sich die beiden zur Liebesnacht, deren Konsequenzen Gretchen in den Untergang führen.

3. Faust und Mephisto (Literarische Erörterung)

Aufgabenstellung

Analysieren Sie das Verhältnis der beiden männlichen Protagonisten in der Tragödie.

Lösungsvorschlag

Ausgangslage

- Der Universalgelehrte hat sich aus Enttäuschung über die wissenschaftlichen Disziplinen seiner Zeit der Magie zugewandt. Doch auch hier kann er die gegebenen Grenzen nicht überwinden. Er ist weiterhin auf der Suche nach der erlösenden Erkenntnis.
- Gleichzeitig besitzt er ein großes Defizit an Emotionalität und Sinnlichkeit. Er ist ein typischer Stubenhocker und gesellschaftlich isoliert. Erfahrung im Umgang mit Frauen hat er keine (vgl. seine Ansprache Gretchens auf der „Straße").
- Mephistos Bemühungen stehen im Zusammenhang mit der Wette aus dem „Prolog". Er will beweisen, dass der Mensch nicht vernunftgeleitet, sondern triebgesteuert ist. Daher versucht er, Fausts Liebeslust zu befriedigen.
- Er missversteht Fausts Zwei-Seelen-Problematik, d.h. er sieht nicht, dass der Gelehrte in einem unauflösbaren Spannungsverhältnis lebt. Daher kann er nicht begreifen, dass die Verabsolutierung der einen Seele schnell zum Überdruss führen muss. Seine Strategie ist daher von vornherein zum Scheitern verurteilt.

Entfaltung des Verhältnisses zwischen Faust und Mephisto

- Mephisto entpuppt sich im „Studierzimmer" als „des Pudels Kern" (1323). Faust erkennt die begrenzte Macht seines Gegenübers, doch Mephisto kann ihn überlisten und entkommen.
- Erst auf dem Tiefpunkt seiner Existenzkrise („Studierzimmer II") ist Faust innerlich bereit, sich auf den Teufel einzulassen. Als Mephisto wieder erscheint, hat er Liebe, Hoffnung, Glaube und Geduld verflucht.
- Mephisto bietet ihm einen klassischen Teufelspakt an, bei dem Faust seine Seele für immer verkauft hätte.
- Faust glaubt nicht daran, dass ihm Mephisto auch nur einen Augenblick des Glücks verschaffen kann. Deshalb lehnt er den statischen Pakt ab, bietet dem Teufel aber eine Wette an. Danach wolle er sofort sterben, wenn er sich „schmeichelnd je belügen" würde, so dass er sich selbst gefallen möge

(vgl. 1694 f.). Genuss wäre für ihn Selbstbetrug, Verrat an seinem lebenslangen unstillbaren Verlangen.
- Mephistos erbärmlicher Versuch, den nach göttlicher Erkenntnis strebenden Faust durch die alkoholbedingte Geselligkeit der Studenten in „Auerbachs Keller" zu befriedigen, muss scheitern.
- In der „Hexenküche" wird Faust nicht nur verjüngt, sondern so unter Drogen gesetzt, dass er „bald Helenen in jedem Weibe" (2604) sieht.

Zunehmende Abhängigkeit Fausts
- Auf der „Straße" weigert sich Mephisto erfolgreich, Faust „die Dirne [umgehend zu] schaffen" (2619), um Fausts Begierde zu steigern. Faust befiehlt Mephisto ein Geschenk für Gretchen zu besorgen, um sie zu verführen.
- Faust gerät zunehmend in Abhängigkeit von Mephisto. In der Szene „Abend" fragt er (sich) ein letztes Mal, ob er das Kästchen als Unterpfand der Verführung tatsächlich im Zimmer platzieren soll: „Ich weiß nicht soll ich?" (2738). Wie auch in den folgenden Szenen stachelt Mephisto erfolgreich Fausts sinnlichen Trieb an. Danach sind die Würfel gefallen, das Verhängnis nimmt seinen Lauf.
- Mephisto bahnt die Beziehung zwischen Gretchen und Faust an. Zunächst weigert sich Faust, Mephistos Aussagen bezüglich des Tods von Marthes Mann zu bestätigen. Fausts Gewissensbisse werden endgültig in der Szene „Wald und Höhle" unterdrückt.
- Faust kann nicht mehr ohne Mephisto auskommen. Im Duell mit Valentin rettet der Teufel Fausts Leben.
- Mephistos nihilistische Kälte gegenüber Gretchen („Sie ist die Erste nicht") droht die beiden zu entzweien, doch Faust kommt nicht von ihm los. Auch für die Befreiung der Geliebten braucht er Mephistos Hilfe.

Psychologische Deutung: Mephisto als Fausts Alter Ego
Mephisto ist weniger als eigenständige Figur des Dramas zu verstehen. Er ist vielmehr ein personifizierter Wesenszug Fausts, sein anderes Ich.
- Die auf der Bühne sichtbaren Auseinandersetzungen sind Projektionen innerer Vorgänge in Faust. Es ist ein Widerstreit zwischen schöpferischen und zerstörerischen Neigungen, ein Ringen mit sich selbst.
- Faust trägt das nihilistische und zerstörerische Prinzip, das Mephisto verkörpert, in sich: „Und hätt er sich auch nicht dem Teufel übergeben, / Er müsste doch zugrunde gehn!" (1866 f.).
- Dies ist der Grund, weshalb er Mephisto nicht loswerden kann. Bereits vorhandene Charakterzüge nehmen im Verlauf der Tragödie überhand.

4. „Garten“ – Komposition und Sprache (Textinterpretation)

Aufgabenstellung

Skizzieren Sie, was der Leser wissen muss, um die Szene zu verstehen. Analysieren Sie die Szene; berücksichtigen Sie dabei auch Sprache und Komposition.

Lösungsvorschlag

Voraussetzungen

- Im Anschluss an die Szene „Hexenküche“ ist Faust verjüngt und steht unter dem Einfluss eines Zaubertrankes, der ihn „Helenen in jedem Weibe“ (2604) sehen lässt.
- Mit einer deutlichen erotischen Aggressivität spricht er das 14-jährige Gretchen an, blitzt aber wegen seines ungehobelten Benehmens bei ihr ab.
- Er setzt aber durch seine Anrede als adliges „Fräulein“ (2605) den Traum einer sozialen Utopie in Gang, der durch die Schmuckkästchen, die er in ihrer Kammer hinterlegt, gefördert wird. Darüber hinaus ist nicht zu leugnen, dass Gretchen von Faust beeindruckt ist („Ich gäb was drum, wenn ich nur wüsst / Wer heut der Herr gewesen ist!“, 2678 f.).
- Mephisto bringt die beiden zusammen, indem er Faust als Zeugen für den Tod von Marthes Mann benennt.
- Gretchen und Faust treffen sich zum ersten Mal nach der missglückten Zufallsbegegnung auf der „Straße“. In Marthes Garten können sie ungestört sein, fernab von der Aufsicht der Mutter bzw. der Kontrolle der hellhörigen Gleichaltrigen.

„Garten“

- Die Paare gehen Arm in Arm. Anfangs sprechen beide Paare über die Situation der Reisenden.
- Schon zu Beginn hat Gretchen also das akzeptiert, was sie noch auf der Straße abgelehnt hatte. Nur wenige Verse später küsst Faust ihre Hand.
- Gretchen spricht hier in Madrigalversen, womit sie sich der Sprache Fausts angepasst hat. Dies zeigt eine Entfremdung von ihrem natürlichen Wesen. Ihr Ausspruch „Inkommodiert Euch nicht“ (3081) wirkt seltsam, da dies nicht ihre Sprachebene ist.
- Gretchen beschäftigt der Bildungs- und Standesunterschied zwischen ihr und Faust (vgl. 3073–3105). Dies könnte ein Grund für ihre sprachliche Anpassung sein.

- Durch die lange Beschreibung ihrer hausfraulichen und mütterlichen Qualitäten signalisiert sie ihre Heiratsfähigkeit (vgl. 3106–3148). Ihre Mütterlichkeit hatte sie, während ihre Mutter todkrank im Kindbett lag, bei ihrer Schwester beweisen können. Darüber hinaus betont sie, dass ihr Vater ihnen ein hübsches Vermögen hinterlassen habe, so dass Faust auf eine stolze Mitgift hoffen könne.
- Parallel dazu sprechen auch Mephisto und Marthe über das Heiraten.
- Faust kann oder will die Andeutungen Gretchens nicht verstehen.
- Durch ein Blumenorakel versucht sie, ein Liebesgeständnis von Faust zu erwirken. Indirekt sagt sie damit aber über sich aus, dass sie ihn liebt. Die Zerstörung der Blume nimmt motivisch den Verlust ihrer Jungfräulichkeit vorweg. Am Ende wird sie ganz zugrunde gerichtet.
- Faust gibt nur ein Echo ihrer Worte. Sein Liebesgeständnis bleibt aus.

Komposition

Die abwechselnd sprechenden Paare Mephisto und Marthe bzw. Faust und Gretchen stehen in einem komischen Kontrast. Jedes Paar taucht genau dreimal auf.

- Marthe und Mephisto verkörpern die sinnliche Dimension der Liebe („ob Ihr niemals Lust bekommen“, 3157). Sie stellen ein altes Paar dar, deren Liebesbegriff von Realismus geprägt ist.
- Gretchen und Faust sind demgegenüber die Jungverliebten, die gerade im Begriff sind, sich ihre Liebe zu gestehen. Aus ihren Gefühlen spricht der grenzenlose Idealismus des Anfangs einer Beziehung.

Sprache

Beide Paare reden aneinander vorbei. In beiden Gesprächen dient die Sprache zur Verschleierung.

- Auf Grund der Tatsache, dass Faust ihre Worte wiederholt („Er liebt dich“, 3185), muss Gretchen annehmen, dass seine Gefühle aufrichtig sind. In Wahrheit aber hat er ihr seine Zuneigung nur vorgegaukelt, um an sein Ziel zu gelangen.
- Das von Goethe verwendete Versmaß ist ein sozialer Indikator. Gretchens Abwendung vom Knittelvers zeigt ihre innere Veränderung bzw. Entfremdung.
- Als überaus sinnliche Frau ist Marthe nach dem vermeintlichen Tod ihres Mannes daran interessiert, so schnell wie möglich wieder zu heiraten. Auf verschiedenen Wegen versucht sie Mephisto für sich zu gewinnen. Der Teufel versteht sehr wohl, dass sie ihn als Heiratspartner ausgewählt hat, nutzt aber sein rhetorisches Geschick, um auszuweichen. MARTHE. Ich wollte sagen: ward's nie Ernst in Eurem Herzen? / MEPHISTOPHELES. Mit Frauen soll man sich nie unterstehn zu scherzen. (3159 f.)

5. „Wald und Höhle" und „Gretchens Stube" – Zur Komposition des Dramas (Textinterpretation)

Aufgabenstellung

Ordnen Sie die beiden Szenen in den Handlungszusammenhang ein.
Analysieren Sie die beiden Szenen.
Skizzieren Sie – ausgehend von diesen Szenen – Kompositionsprinzipien des Dramas.

Lösungsvorschlag

Einordnung

- Fausts anfängliches lustorientiertes Besitzdenken wandelt sich zu einer schwierigen Mischung aus Liebe und Suche nach dem sexuellen Erlebnis.
- Dabei gerät er immer stärker in Abhängigkeit zu Mephisto, der die Rahmenbedingungen schafft, dass Faust und Gretchen einander treffen.
- Im Garten der Nachbarin küssen sie sich zum ersten Mal. Gretchen gesteht durch das Blumenorakel ihre Liebe.
- Faust hat sich in die Natur zurückgezogen, um Distanz zu gewinnen.
- Gretchen wartet in ihrer Stube verliebt und unruhig auf ein Wiedersehen.
- Bis zu dem Szenenpaar ist die Handlung der Gretchentragödie linear ansteigend. „Wald und Höhle" und „Gretchens Stube" stellen den Höhe- und Wendepunkt des bürgerlichen Trauerspiels dar. Nach den vielen dialogischen Szenen sind sie beide eher monologisch aufgebaut. Beide Protagonisten reflektieren jeweils allein das Geschehen.

Analyse der Szenen

„Wald und Höhle"

- Faust empfindet ein Glücksgefühl in der Natur. Er dankt in erhaben wirkenden Blankversen für diese Empfindung (vgl. 3217–3250).
- Es dauert jedoch nicht lange, bis Faust erneut in seine alte depressive Stimmung verfällt und mit sich und Mephisto hadert.
- Mephisto ist sich seiner Macht absolut bewusst („Wie hättst du, armer Erdensohn, / Dein Leben ohne mich geführt?", 3266 f.). Er vergleicht Fausts vorübergehendes Glücksempfinden in der Natur mit einem Geschlechtsakt (vgl. 3282–3292). Faust habe das Recht, sich etwas vorzulügen, doch legt der Teufel den Finger in die Wunde. Gretchen halte es vor Liebe nicht mehr aus („Die Zeit wird ihr erbärmlich lang", 3315). Sie meine, er sei „entflohn" (3330), was ja auch der Fall ist. Faust gehöre in seines „Liebchens Kammer" (3343).

- Faust steht nun vor der Entscheidung, ob er Gretchen in einer Art göttlichen Liebe ewig in Erinnerung behalten möchte oder ob er zur Befriedigung seines Triebs das sexuelle Erlebnis sucht. Entscheidend sind die Verse 3345 und 3346: „Was ist die Himmelsfreud in ihren Armen? / Lass mich an ihrer Brust erwarmen!" Aufgestachelt von Mephisto wählt er die Liebesnacht.
- Faust beschreibt sich selbst in einer gewaltsamen Metaphorik („wie ein Wassersturz von Fels zu Felsen brauste / Begierig wütend nach dem Abgrund zu", 3350 f.). Faust weiß, dass er ihre Welt damit zu „Trümmern" (3359) schlagen wird.
- Faust lenkt die Schuld von sich: „Du, Hölle, musstest dieses Opfer haben!" (3361). Von nun an ist die Katastrophe nicht mehr aufzuhalten.

„Gretchens Stube"
- Gretchen kann ihre Gefühle nicht rhetorisch versiert äußern. Stattdessen singt sie allein am Spinnrad (vgl. 3374–3413).
- Dreimal wird der Refrain („Meine Ruh ist hin") in dem zehnstrophigen Lied wiederholt. Die sieben Strophen sind von unterschiedlicher Verslänge. Auch das Reimschema ist uneinheitlich. Dies sind sprachliche Kennzeichen ihrer inneren Unruhe.
- Die Einzelstrophen beschreiben, was Gretchen an Faust gefällt („hoher Gang", „edle Gestalt", „Mundes Lächeln", „seine Rede", „Händedruck", „Kuss", 3394 ff.). Ihre Liebe enthält damit auch eine sinnliche Seite, doch ist der sexuelle Wunsch von Goethe zurückgenommen („Busen", 3406, statt „Schoß" im „Urfaust").
- Auf der anderen Seite sind motivische Vorausdeutungen auf ihr tragisches Ende zu erkennen: „Grab", 3379, „Sinn / Ist mir zerstückt" (3384 f.).
- Das Lied enthält Anspielungen auf das biblische „Hohelied der Liebe", so dass Gretchen hier zu einer idealen Liebenden aufgewertet wird.

Komposition
- Die beiden Szenen sind kontrastierend aufeinander bezogen.
- Spiegelungen und Polaritäten sind ein grundlegendes Kompositionsprinzip des Dramas.
- Dies lässt sich an Szenenkomplexen (z. B. von „Am Brunnen" bis „Dom"), Figuren (z. B. Herr und Mephisto; Faust und Wagner; Lieschen und Gretchen) und Leitmotiven (z. B. Enge – Weite, Quelle – Trockenheit, Tag – Nacht) belegen.
- Goethes Denken ist generell von solchen, sich gegenseitig bedingenden Polen (Systole, Diastole) geprägt.

6. Die Gretchenfrage – „Marthens Garten“ (Textinterpretation)

Aufgabenstellung

Skizzieren Sie die Voraussetzungen, unter denen Faust und Gretchen zusammentreffen.
Analysieren Sie den Gesprächsverlauf zwischen Faust und Gretchen; beziehen Sie auch die sprachliche Gestaltung mit ein.

Lösungsvorschlag

Voraussetzungen

- Faust hat sich enttäuscht von der Theologie abgewandt, da sie ihm keine religiöse Erleuchtung, „was die Welt / Im Innersten zusammenhält“ (382 f.) geben konnte. Ihm fehlt letztendlich der „Glaube“ (765). Ein Rest kindlicher Religiosität ist vorhanden. Dieser hindert ihn am Selbstmord, als die Glocken für die Ostermesse erklingen („Nacht“).
- Gretchen ist fest im katholischen Glauben verankert. Sie geht auch für „nichts zur Beichte“ (2625). Der Glaube ist bei ihr ritualisiert.
- Gretchens Frage nach der Religion ist im Zeitalter der Reformation lebenswichtig. Ehen wurden kaum über konfessionelle Grenzen hinweg geschlossen.
- In „Marthens Garten“ haben sich die beiden erstmalig geküsst. Gretchen hat ihre Heiratsbereitschaft signalisiert, auch wenn Faust dieses nicht wahrgenommen hat. Im Blumenorakel hat sie ihm ihre Liebe gestanden. Sein Liebesschwur ist nur ein Echo. Er liebt sie nicht, hat sich aber in der Szene „Wald und Höhle“ für die Befriedigung seines Sexualtriebes entschieden. Auch Gretchen ist bereit für den sinnlichen Vollzug ihrer Liebe. Die folgende Szene steht daher in einem erotischen Kontext.

Analyse: Unterschiedliche Religionsverständnisse

- Auf Gretchens Frage, wie Faust es „mit der Religion“ (3415) halte, weicht Faust aus. Er wolle „niemand sein Gefühl und seine Kirche rauben“ (3420). Seine Anrede „Lass das, mein Kind“ zeugt davon, dass er sie nicht als gleichwertige Gesprächspartnerin ansieht. Hintergrund ist der enorme Alters- und Bildungsunterschied zwischen den beiden.
- Gretchens Erziehung ist an den gesellschaftlichen Konventionen ausgerichtet („man muss dran glauben!“, 3421). Die Sakramente müsse man ehren. Ihrer Ansicht nach tut dies Faust „ohne Verlangen“ (3424), so dass sie die Frage stellt, ob er an Gott glaube.

- Faust weicht erneut aus, indem er die Frage nicht beantwortet, sondern eine Gegenfrage stellt („wer darf sagen, / Ich glaub an Gott?", 3426 f.). Bezeichnend ist auch wieder seine Anrede mit dem Diminutiv „Mein Liebchen" (3426).
- Auf ihre nochmalige Nachfrage antwortet er so eloquent, dass Gretchen ihm sprachlich nicht gewachsen ist. Er beginnt abermals mit rhetorischen Fragen (vgl. 3431–3445), die ins Philosophische gehen.
- Ab Vers 3446 wird seine pantheistische Vorstellung einer Gefühlsreligion deutlich, die das Herz anspricht.
- Faust weigert sich, dieser Vorstellung einen Namen zu geben: „Nenn's Glück! Herz! Liebe! Gott! / Ich habe keinen Namen / Dafür! Gefühl ist alles; / Name ist Schall und Rauch" (3454 ff.).
- Dass Gretchen seine Ausführungen nur halb verstanden hat, belegt ihr Ausspruch „Das ist alles recht schön und gut; / Ungefähr sagt das der Pfarrer auch" (3459 f.).
- Überzeugt ist sie jedoch nicht, denn intuitiv sagt sie ihm auf den Kopf zu, dass er „kein Christentum" (3468) habe.
- Fausts Antwort („Liebs Kind", 3469) setzt seine herablassende Art fort. Er möchte das Religionsgespräch aus verständlichen Gründen so schnell wie möglich beenden.

Mephisto als Gegenspieler

- Gretchen lenkt das Gespräch nun auf Mephisto, der ihr suspekt ist. Passenderweise steht die Auseinandersetzung um den Teufel im Zusammenhang des vorangegangenen Religionsgesprächs. Sie spürt, dass Mephisto ihr Gegenspieler ist.
- In seiner Hilflosigkeit versucht Faust erneut abzuwiegeln („Liebe Puppe", 3476, „Es muss auch solche Käuze geben", 3483).
- Auf ihr Bekenntnis, dass der Teufel ihr das Innere zuschnüre, entfährt Faust die verräterische Bemerkung: „Du ahnungsvoller Engel" (3494).

Verabredung zur Liebesnacht

- Als Gretchen fort will, fragt Faust, ob er ihr nicht „ruhig [...] am Busen hängen" (3503) könne, eine sprachliche Verhüllung für den Liebesakt.
- Längst hat sich Gretchen – trotz des unbefriedigenden Gesprächs – dafür entschieden. Innere Hindernisse gibt es nicht mehr zu überwinden, nur noch äußere. „Gern" (3506) ließe sie ihre Zimmertür offen. Nur die streng über sie wachende Mutter muss ausgeschaltet werden.
- Faust hat vorsichtshalber schon ein Fläschchen mitgebracht, dessen Inhalt sie in tiefen Schlaf versetzen soll. Dies ist durchaus doppeldeutig zu verstehen.
- Vorausdeutend meint Gretchen, sie hätte schon so viel für ihn getan, dass fast nichts mehr übrig bleibe (vgl. 3519 f.).

7. Gesellschaftspanorama in „Faust I" (Literarische Erörterung)

Aufgabenstellung

Analysieren Sie, wie Goethe verschiedene gesellschaftlichen Gruppen in „Faust I" darstellt.

Lösungsvorschlag

Breites Gesellschaftspanorama
Goethe beschreibt ein breites gesellschaftliches Panorama, das von der universitären bis zur kleinbürgerlichen Welt reicht. Studenten, Soldaten, Bürger und Bauern werden skizziert. Insgesamt wird die Gesellschaft kritisch dargestellt.

Die universitäre Welt
- Faust und Wagner stellen zwei gesellschaftlich isolierte Gelehrte dar. Faust wird vom Volk bewundert („Vor dem Tor"), doch die soziale Distanz des Hochgelehrten zu den Bauern ist unüberbrückbar. Wagner ist zudem „ein Feind von allem Rohen" (944) und meidet die vergnügliche Geselligkeit der anderen.
- Der Schüler und die Studenten in „Auerbachs Keller" sind den tatsächlichen universitären Verhältnissen der frühen Neuzeit entsprechend gestaltet. Viele waren kaum an akademischen Inhalten interessiert. Die Karriere der Söhne von Bildungsbürgern und Adligen hing nicht von entsprechenden Abschlüssen ab. Angesichts des jugendlichen Alters verwundert es nicht, dass Entgleisungen (z. B. Alkoholexzesse) an der Tagesordnung waren.
- Die Studenten zeigen wenig politischen Weitblick, bestenfalls einen dumpfen Nationalismus: „Ein echter deutscher Mann mag keinen Franzen leiden, / Doch ihre Weine trinkt er gern" (2272 f.). Das Freiheitsideal der Französischen Revolution ist bei ihnen zur hohlen Phrase pervertiert: „Es lebe die Freiheit! Es lebe der Wein!" (2244).

Bürger, Bauern und Soldaten
In der Szene „Vor dem Tor" präsentiert Goethe das breiteste soziale Spektrum der Tragödie.
- Die Bürger werden philisterhaft dargestellt. Sie fühlen sich behaglich wohl, wenn „hinten, weit, in der Türkei, / Die Völker aufeinander schlagen" (862 f.).
- Die Bauern mit ihrer Tradition von Tanz und Gesang sind positiv gezeichnet.

- Die Soldaten sind martialisch. Ihr Lebensmotto ist in den Versen „Mädchen und Burgen / Müssen sich geben“ (897 f.) ausgedrückt. Gretchens Bruder Valentin ist ebenfalls Soldat. Sein Monolog (vgl. 3620 ff.) greift das Verhalten dieser sozialen Gruppe noch einmal auf und bestätigt das gewonnene Bild.

Die kleinbürgerliche Welt der Gretchentragödie

Die kleinbürgerliche Welt ist geprägt von strengen gesellschaftlichen Konventionen.

- Die Gesellschaft ist ständisch gegliedert. Diese soziale Differenzierung ist überall im Alltag anzutreffen. Bürgerliche Mädchen werden als „Dirne“ (= Mädchen) angesprochen, adlige unverheiratete Frauen als „Fräulein“. Ihnen steht ein anderer Schmuck zu als den bürgerlichen Mädchen. Gretchen weiß, dass sie das Geschmeide des Schmuckkästchens niemals in der Öffentlichkeit tragen darf („Darf mich, leider, nicht auf der Gassen, / Noch in der Kirche mit sehen lassen“, 2883 f.).
- Trotz der Unmöglichkeit, aus diesen Grenzen auszubrechen, träumt Gretchen davon, sozial aufzusteigen.
- Die Mütter achten auf die Unbescholtenheit ihrer Töchter (vgl. „Am Brunnen“, „Marthens Garten“). Die unehrenhafte Geburt eines unehelichen Kindes fällt auf das ganze Haus, insbesondere aber auf die Mütter zurück.
- Auch die Gleichaltrigen üben soziale Kontrolle aus. Wer die Grenzen angepassten Verhaltens übertritt, wird schnell zur Zielscheibe des öffentlichen Geredes. Der Brunnen ist eines der Kommunikationszentren des Dorfes, da sich dort alle treffen (vgl. den Kleinstadttratsch „Am Brunnen).
- Ledige Mütter müssen mit Spott und Hohn des Umfelds rechnen. Auch Gretchen war bislang Teil dieses gesellschaftlichen Systems.
- Die öffentliche Kirchenbuße dient zur Abschreckung und erzeugt einen ungeheuren Druck, dem ledige Mütter nicht immer standhalten können.
- Ledige Mütter, die von dem Vater ihrer Kinder im Stich gelassen werden, können leicht in Verruf geraten und gesellschaftlich als Prostituierte abgestempelt werden (vgl. Valentins Anklage 3750 ff.). Männer hatten mehr Freiheiten als Frauen. Goethe entlarvt diese Doppelmoral in der Gegenüberstellung der Soldaten und Gretchens.
- Aus Angst vor der Diffamierung und der öffentlichen Ausgrenzung bringt Gretchen ihr Kind um.
- Wie auch andere Stürmer und Dränger sympathisiert Goethe mit der Kindsmörderin und gibt der Gesellschaft die Schuld an der Tragödie.

8. Gretchens Charakter und ihre Erlösung im „Kerker“ (Gestaltende Interpretation)

Aufgabenstellung

Skizzieren Sie, welches Bild der Zuschauer bis zur Szene „Dom“ von Gretchen gewinnt.
Entwerfen Sie als Alternative zur Szene „Kerker“ ein Gespräch zwischen dem Herrn und Gretchen im Himmel.

Lösungsvorschlag

Gretchen

- Gretchen ist ein 14-jähriges Mädchen, das ohne Vater in kleinbürgerlichen Verhältnissen aufwächst. Ihre Mutter wacht streng über sie. Ihr Leben ist wohl geordnet (vgl. Symbolik des Zimmers in der Szene „Abend“). Zentraler Orientierungspunkt ist die Religion („Straße“, „Marthens Garten“).
- Sie ist eitel und träumt vom sozialen Aufstieg. Das erste Schmuckkästchen gibt sie ihrer Mutter, doch diesen Fehler begeht sie beim zweiten Mal nicht mehr, sondern trägt es zu ihrer Nachbarin Marthe Schwerdtlein („Der Nachbarin Haus“).
- Gretchen wirkt naiv, kann ihre Gefühle häufig nicht verbalisieren, sondern singt ein Lied (vgl. „König von Thule“).
- Gegenüber Faust empfindet sie sich als minderwertig; sie weiß nicht, was der Gelehrte an ihr findet, vgl. die Szene „Ein Gartenhäuschen“: „Du lieber Gott! was so ein Mann / Nicht alles, alles denken kann! / Beschämt nur steh ich vor ihm da, / Und sag zu allen Sachen ja.“ (3211 ff.)
- Auf der anderen Seite verfügt sie über einen gesunden Menschenverstand und weibliche Intuition. Sie erkennt unbewusst, dass Mephisto ihr Gegenspieler ist. Dies wird besonders während des Religionsgesprächs in „Marthens Garten“ deutlich.
- Als sie merkt, dass sie schwanger ist, weiß sie um die sozialen Konsequenzen. Ihre Verzweiflung wächst von Tag zu Tag. Im „Dom“ wird sie während der Totenmesse ohnmächtig, ein Zeichen, dass sie die Situation nicht mehr aushalten kann.

Gestaltende Interpretation

Epilog im Himmel

Gretchen: *(kniend)* Ich weiß, Herr, ich habe gesündigt.
Herr: Es irrt der Mensch so lang er strebt. Mein Kind, du bist erlöst.

Gretchen: Kann man erlöst werden, wenn solche Schuld auf den Schultern lastet? *(Nach langem Zögern.)* Ich habe mich nie für Männer interessiert, immerhin bin ich kaum 14, doch als Faust in mein Leben trat, damals auf der Straße, da war es um mich geschehen. Noch nie hatte mich ein Mann angesprochen und er tat so, als ob ich ein adliges Fräulein sei.Ich wies ihn ab, doch ich wurde Opfer meiner eigenen Eitelkeit. Das Schmuckkästchen … ich konnte es nicht weggeben.

Herr: Du wusstest, dass es nicht richtig war.

Gretchen: Und irgendwie gefiel mir der unbekannte Herr ja auch.

Als ich ihn dann bei Marthe wiedersah, war ich verwirrt. So ein gescheiter Herr von Stand!

Ich musste immerfort an ihn denken. Ich hatte keine Ruhe mehr. Mein Busen drängte sich immer stärker an ihn. Mit schlechtem Gewissen, o Herr, nahm ich das Mittel entgegen, das die liebe Mutter in einen tiefen Schlaf versetzen sollte. *(Pause.)* Was habe ich nur getan? Die Mutter – die liebe Mutter, die mich umsorgt – tot – umgebracht durch der Tochter eigene Hand. Nimmermehr kann ich erlöst werden.

Herr: Die Versuchungen der Hölle sind schwer zu durchschauen. Du tatst es nicht wissentlich. Faust hingegen wird am Ende aller Tage diese Schuld begleichen müssen.

Gretchen: So einfach kann´s nicht sein. Ich muss gestehen, ich genoss die Liebe, ja mein Herz bebte in jener Liebesnacht. Doch ich wusste, was mich erwarten würde, als das Kind in meinem Leib heranwuchs: Hohn und Spott, Schande. Am Brunnen – im Dom – überall würde man mit Fingern auf mich zeigen. Hatte ich nicht selbst bisher meine Freude daran gehabt, die jungen ledigen Mütter zu brandmarken? Täglich stellte ich mir die bange Frage, würde Faust bei mir bleiben oder würde er davonlaufen und mich in Schimpf und Schande allein zurücklassen. Als mein Bruder Valentin auftauchte, war die Katastrophe nicht mehr aufzuhalten. *(Pause.)* Auch er könnte noch leben, wenn ich nicht .... Nun war klar, dass Faust nicht wiederkehren würde. Schließlich hätte man ihn für Valentins Tod verantwortlich gemacht.

Herr: Auch hier wird sich Faust dem Richter der Welt stellen müssen, nicht du.

Gretchen: Ich aber habe selbst das Kind umgebracht … ertränkt im Bach … *(bricht zusammen).*

Herr: Auf Erden bist du dafür gerichtet worden, doch deine Seele ist gerettet.

Literaturverzeichnis

Goethes „Faust" – Textausgaben und Kommentare

Goethe, Johann Wolfgang von: Faust. Der Tragödie erster Teil. Editionen mit Materialien. Stuttgart, Leipzig: Klett 2004

Goethe, Johann Wolfgang von: Faust I, hrsg. von Albrecht Schöne, in: Ders.: Sämtliche Werke, I. Abteilung, Bd. 7/1 Texte, Band 7/2 Kommentare. Frankfurt/ Main: Deutscher Klassiker Verlag 1994

Goethe, Johann Wolfgang: Faust. Der Tragödie Erster Teil. Stuttgart: Reclam 2000

Gaier, Ulrich: Johann Wolfgang Goethe. Faust. Der Tragödie Erster Teil. Erläuterungen und Dokumente. Stuttgart: Reclam 2008

Gaier, Ulrich: Kommentar zu Goethes „Faust". Stuttgart: Reclam 2002

Historische Quellen

Historia von D. Johann Fausten. Text des Drucks von 1587. Kritische Ausgabe, hrsg. von Stephan Füssel und Hans Joachim Kreutzer. Stuttgart: Reclam 1996

Birkner, Siegfried: Goethes Gretchen: das Leben und Sterben der Kindsmörderin Susanna Margaretha Brandt. Nach den Prozeßakten dargestellt. Frankfurt/Main: Insel 1999

Habermas, Rebekka (Hrsg.): Das Frankfurter Gretchen. Der Prozeß gegen die Kindsmörderin Susanna Margaretha Brandt. München: C. H. Beck 1999

Sekundärliteratur

Boyle, Nicholas: Goethe. Der Dichter in seiner Zeit. 2 Bände. München: C.H. Beck 1999

Ciupke, Markus: Des Geklimpers vielverworrner Töne Rausch. Die metrische Gestaltung in Goethes „Faust". Göttingen: Wallstein 1994

Eibl, Karl: Das monumentale Ich – Wege zu Goethes „Faust". Leipzig: Insel 2000

Golz, Jochen: Faust und das Faustische: Aktuelle Aspekte einer Debatte, in: Faustjahrbuch 3 (2007/8). Tübingen: Narr Franke Attempto 2009, S. 109–121

Jaeger, Michael: Global Player Faust oder Das Verschwinden der Gegenwart. Zur Aktualität Goethes. Würzburg: Königshausen & Neumann 2013

Keller, Werner: Faust. Eine Tragödie, in: Walter Hinderer (Hrsg.): Goethes Dramen. Stuttgart: Reclam 1992

Kluge, Ingeborg: Wissenschaftskritik in Goethes „Faust“. Frankfurt/Main, Bern: Peter Lang 1982 (Europäische Hochschulschriften, Reihe I: Deutsche Sprache und Literatur, Bd. 548)

Mann, Thomas: Über Goethes „Faust“ (1938), in: Ders.: Adel des Geistes. Versuche zum Problem der Humanität. Stockholm: Bermann-Fischer 1948, S. 662–708

Müller, Joachim: Zur Motivstruktur von Goethes „Faust“, Sitzungsberichte der Sächsischen Akademie der Wissenschaften zu Leipzig. Philosophisch-Historische Klasse, Bd. 116, Heft 3. Berlin: Akademie-Verlag 1972

Requadt, Paul: Goethes „Faust I“. Leitmotivik und Architektur. München: Wilhelm Fink 1972

Scholz, Rüdiger: Die beschädigte Seele des großen Mannes: Goethes „Faust“ und die bürgerliche Gesellschaft. 2. überarbeitete und erweiterte Auflage. Berlin: Schäuble 1995 (Deutsche und vergleichende Literaturwissenschaften, Bd. 25)

Schmidt, Jochen: Goethes „Faust“. Erster und zweiter Teil. Grundlagen – Werk – Wirkung. München: C. H. Beck 1999

Schmidt, Michael: Genossin der Hexe: Interpretation der Gretchentragödie in Goethes „Faust“ aus der Perspektive der Kindsmordproblematik. Göttingen: Altaquito 1985

Sudau, Ralf: Johann Wolfgang Goethe. Faust I und Faust II. 2. überarbeitete und korrigierte Auflage. München: Oldenbourg 1998

Weber, Albrecht: Goethes „Faust“. Noch und wieder? Phänomene – Probleme – Perspektiven. Würzburg: Königshausen & Neumann 2005

Zezschwitz, Eberhard von: Komödienperspektive in Goethes „Faust I“. Dramentechnische Integration eines Sturm-und-Drang-Fragments in den Ideenzusammenhang der Klassik. Bern, Frankfurt/Main: Peter Lang 1985 (Europäische Hochschulschriften, Reihe I: Deutsche Sprache und Literatur, Bd. 803)

Stichwortverzeichnis

A

Akteinteilung 105
Alter Ego 78, 81 f., 107, 153

B

Bärbelchen 57 f., 98, 108–110
Blankvers 124, 156
Blumenorakel 46, 49, 84, 87, 141, 151, 155 f., 158
Brandt, Susanna Margaretha 66, 83–85, 95, 141
bürgerliches Trauerspiel 95, 103 f., 132, 156

D

Diastole/Systole 106, 157
Doppelmoral 79, 95, 97, 161

E

Ebenbild der Gottheit (Faust) 14, 17, 75
Entelechie 13, 119, 148
Entfremdung 44 f., 54, 88 f., 122 f., 154 f.
Entgrenzungsversuche 14 ff., 26, 111, 113, 139
Erdgeist 14, 17, 26, 52, 111, 124
Erlösung 27, 101, 162
Existenzkrise Fausts 14, 18, 75, 120, 152

F

„Faust II“ 13, 21, 70 f., 101–103, 120 f., 129 f., 138, 145
Französische Revolution 31, 33, 35, 63, 65, 93 f., 99, 133, 143, 160
freie Rhythmen 122, 124, 144
Frömmigkeit 40, 42, 86
rühe Neuzeit 15, 90 ff., 122, 160

stets verneint 23, 74, 79, 82
alttätig 53, 69, 109
gesellschaftliche Ausgrenzung 60 f., 89, 97, 109, 161
Gewissen 43, 57, 61, 65 ff., 77, 110, 112, 163
Gretchenfrage 55, 134, 158 f.

H

Hiob 12, 73, 100
historischer Faust 15, 24, 90, 126

J

Jungfräulichkeit 57, 141, 155

K

Kindsmord 60, 65, 68, 96 f., 105, 132, 145
Knittelvers 15, 44, 51, 59, 87 f., 122–124, 144, 155

L

Lieder Gretchens 21, 39–41, 44, 51, 54, 58, 68, 89, 124, 144, 157, 162
Lieschen 58, 97 f., 110, 157

M

Macht, begrenzte 24 f., 78, 80 f., 152
Madrigalvers 43 f., 87 f., 122 f., 125, 144, 154
Magie 14, 71, 75, 90, 102 f., 126 f., 139, 152
Marlowe, Christopher 126–128
Marthe Schwerdtlein 46 ff., 60, 64, 78, 80, 105 f., 108 f., 118, 153–155, 162 f.
Mysterienspiel 102, 104

N

Nationalismus 93, 98, 160

P

Paradies 40, 55, 58, 151
Polarität(en) 69, 73 f., 82, 102, 151, 152, 157
Projektion 26, 42, 77, 107, 153
Prometheus 75, 131
Prosa 65, 66, 125, 129, 132, 145

R
Rahmenhandlung 11, 13, 70, 78, 104, 120, 130, 133, 138, 145, 149
Raumsymbolik 111
Repräsentant der Menschheit 12, 73, 100, 119, 129, 133, 135, 143, 145, 148

S
Satire 33, 91–93
Schalk 30, 47, 78, 103
Schiller, Friedrich 65, 95, 100, 129–131
Schuld Gretchens 63, 66, 69, 89, 101, 103, 114, 138, 141, 149
Schuld/Verantwortung Fausts 53, 59, 67, 73, 77, 157
Schülergespräch 30, 90, 92 f., 103 f., 117, 129
Seelennot Gretchens 38, 68, 124
sittliche Größe Gretchens 103
Shakespeare, William 44, 62, 65, 104 f., 127, 132, 145
sozialer Aufstieg 46, 87, 123, 162
Sphärenharmonie 107, 150
Ständegesellschaft 95, 131
Sturm und Drang 16, 66, 73, 75, 95 f., 104, 129, 131 ff., 145

T
Theologie 15 f., 30, 55, 74, 91 f., 117, 158

U
„Urfaust" 7 f., 16, 33, 38, 54, 66, 75, 84, 96, 105, 125, 129, 131 f., 145, 149, 157

V
Vernunft 11, 64

W
Wahnsinn 39, 68 f., 112
Weimarer Klassik 132, 145

Z
Zwei-Seelen-Problematik 12, 73 f., 119, 121, 130, 143, 152